카산드라증후군

나와 가까운 사람이 아스퍼거증후군이라면?

오카다 다카시 저

김유숙 · 최지원 공역

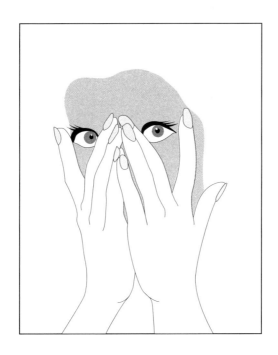

학지사

아스퍼거 남편과 카산드라 아내
아스퍼거 아내와 카산드라 남편

　역자 서문을 쓰며 '그래도'라는 섬이 있다……라는 시 구절이 생각난다.

> 세상에서 가장 아름다운 섬, 그래도, 누구나 다 그런 섬에 살면서도 세상의 어느 지도에도 알려지지 않은 섬, 그래서 더 신비한 섬. (중략) 그래도라는 섬에서 그래도 부둥켜안고 그래도 손만 놓지 않는다면…….

　문장과 문장을 연결해 주는 접속부사에는 '그러나, 그리고, 그래서, 그러면서, 그래도, 그럼에도 불구하고……' 등이 있다. 앞뒤 문장의 관계성을 설명해 주는 것이다. 좋은 일, 만족스러운 관계가 선행된다면 '그리고, 그래서'처럼 후속의 문장도 흡족한 결과나 결론을 내고자 할지 모른다. '그래도'라는 말은 선행된 사건이 무엇이든지 상관없이 그것을 뛰어넘어, 그럼에도 불구하고 무언가 새로운 반전을 꾀

3

하겠다는 결단과 의지가 포함된다. 이 책『카산드라 증후군』을 읽으며 이 시구절이 생각난 이유가 이것이다. 내가 선택한 배우자가 나의 좋은 애착 대상이 되어 주어서 내가 충족하고 싶은 욕구를 잘 채워 줄 수 있고, 소통이 원활한 사람이어서 좋은 관계를 유지하고 있다는 것은 그다지 어렵지도 않고 특별한 일이 아니다. 많은 부부가 관계에서 어려움과 갈등을 경험한다. 이혼이 불행한 지표가 아니듯이 결혼 생활을 유지한다는 것도 결코 행복의 이정표는 아니다. 그럼에도 불구하고 쉽지 않은 관계를 유지해 가면서 오늘을 버텨 내는 많은 부부들은 '그래도'라는 섬에 사는 것이 아닐까라고 반문해 본다.

우리는 오랜 시간 심리상담의 영역에서 일을 해 오며 다양한 가족과 부부를 만났다. 심지어 개인을 만날 때조차 그 뒤의 원가족에서 내려받은 역사가 어떻게 영향을 미치는지를 탐색하고 있기 때문에 개인만을 상담하고 있다고 보기 어렵다. 문제를 가지고 있다고 말하는 부부 관계에 대해 잠시 이야기해 보려고 한다. 빈센트 반 고흐는 "부부란 두 반신이 되는 것이 아니고 하나의 전체가 되는 것이다."라고 말했다. 그렇지만 각기 다른 부(夫)와 부(婦)가 만나 '부부'의 관계를 만들어 가는 것은 결코 쉬운 일이 아니다. 어린 시절 자신의 양육자와의 관계에서 원하지만 미처 다 받지 못한 욕구와 미해결 과제 등 해결하지 못한 여러 가지가 있다. 이 같은 긍정적 · 부정적 이미지가 투사되는 대상에게 끌려, 그 대상과 남은 생을 제대로 살고 싶은 무의식적 욕구가 드러난 것이 결혼 관계라고 전제할 때, 부부라는 관계는 만나는 순간이 행복이자, 동시에 갈등의 시작이 된다. 우리가 태어날 때 부모를 선택할 수는 없다. 그런 이유로 생의 나머지는 자기가 선택할 수 있는 애착의 대상을 신중하게 선택하려고 하며, '잘못된 선택'이라는 판단이 들 때 버리고 싶은 마음이 앞선다. 그것은 내가 선택한 것에 대한 심판이고 결과라고 생각하기에……

'그래서' 부부, 관계로 인해 상처받는다.
그래서 헤어진다.

선행연구들은 건강한 가족이란 부부 관계 및 결혼 만족도와 깊은 관련이 있다고 말한다. 부부의 애착에 대한 연구는 최근 10년 동안 의미 있게 증가했다. 동시에 부부 이혼율이 증가하면서 이혼을 준비하거나 조정하는 부부상담이 상담 현장에서 증가하고 있다. 친밀한 관계에서 생기는 의사소통 문제와 스트레스가 부부상담에서 다루고자 하는 주요한 주제이다. 이 같은 시대적 기대에 의해 21세기에 들어와 부부상담 효과에 대한 연구도 더욱 활발해졌다. 부부상담은 관계에 미치는 효과가 높아서 개인상담의 효과와 비슷한 영향력이 있는 것으로 밝혀졌다. 부부가 이처럼 상담을 통해 지속적인 성장을 이어 갈 수 있다면 연구자로서는 어떻게 그런 일이 가능할 수 있는지에 대한 다양한 증거를 찾으려는 관심이 높아질 수밖에 없다.

가족을 하나의 체계로 보는 관점이 등장하기 이전 부부를 위한 개입은 주로 부부 각각의 개인적인 변화와 적응에 초점을 두었다. 그런데 체계 이론이 등장하면서 부부 관계를 하나의 단위로 묶어 보기 시작했다. 1994년에 가트만(J. Gottman)과 동료들은 부부 관계에 대한 양적 연구를 하여 부부의 부정적 정서와 고정화된 상호작용 패턴에 대해 중요한 업적을 남겼다. 즉, 부부 관계에서 발생하는 문제의 가장 큰 예측 요소는 정서적 거리감이라는 것을 알게 되었다. 여기서 말하는 정서적 거리감은 애착 유형과 깊은 연관이 있다.

부부 관계에서의 애착은 관계 유지에 있어 중요하다. 특히 부부를 대상으로 한 심리 상담에서 애착은 배제할 수 없는 핵심적인 요소이다. 배우자가 서로를 가장 안전한 대상으로 지각하는 것은 생존과 성장의 토대이기 때문이다. 어린 시절 애착 대상과 경험한 관계기억과 정서를 교정하고 재경험할 수 있다면 그것은 안전지대이다. 이처럼 애착 이론은 건강한 부부 관계에 대한 중요한 관점을 제공한다. 애착은 '내가 누구이며 어떻게 지금의 내가 되었는지'에 대한 생각과 같은 정체성의 발달로 이어진다. 특히 어린 시절에 애착 대상과의 관계에서 형성된 애착 패턴은 성인이 되어 맺게 되는 이성 및 배우자와의 관계 형성에 많은 영향을 미친다. 프로이트(S. Freud)는 유아와 엄마의 관계가 성인의 연인 관계의 '원형(原型)/원조'라고 주장하였다. 애착 이론은 내면의 작동 모델로 어린 시절을 통하여 다른 사람에 대한 기대, 스스로에 대한 기대를 형성하여 배우자를 선택하는 데에 영향을 준다. 그리고 어떻게 우리들의 관계가 안정될 것인가에도 영향을 미친다.

이미 많은 학자가 배우자와의 관계는 유아가 그의 부모와 애착을 형성한 방식과 유사한 애착 과정을 보인다고 주장하였다. 그들은 유아기에 부모와의 애착 유형인 안정형, 회피형, 불안/혼합형 유형이 성인기에도 동일하게 존재하고, 이는 배우자와의 관계에 영향을 미친다고 보았다. 어린 시절 안정적 애착 유형을 형성한 사람들은 그들의 연인들을 신뢰할 만한 친구로 여긴다. 불안/혼합형 유형의 성인들은 첫눈에 사랑에 빠지기 쉬우며, 상대방이 즉각 응답하기를 원한다. 회피형 유형의 성인은 연인의 잘못과 실수를 잘 수용하지 못한다. 물론 부부상담을 받고자 하는 부부들의 관계 패턴은 안정 애착이 아니라 회피형이나 불안/혼합형 유형에 속한다. 그러나 부부 관계를 이런 틀에 의해서만 분류한다면 유형을 이해하는 것은 도움이 되지만 치료적 개입에는 한계가 있다. 부부의 애착은 개인적 역사 배경을 갖고 있는 만큼 애착 유형 분류를 넘어 그들만의 자서전적 내러티브를 중요하게 다뤄야 한다.

카산드라증후군을 경험하는 사람은 배우자의 낮은 공감 능력과 무심함으로 자신이 관계에서 애착을 재경험하고 있다고 생각하지 못한다. 이해가 안 되어서 화나고 싸우기를 반복하는 가운데 서서히 지쳐서 낙심하고 외롭고, 결국에는 혼자만의 싸움을 시작하게 되는 것이다. 다음의 사례를 통해 그 같은 과정을 볼 수 있다. 외롭고 처절한 싸움에서 벗어나기 위해 그들 부부는 오늘도 버티는 중이다.

사례: 내 배우자가 어쩌면 카산드라일까?

나는 전문직종에 종사하며 유독 섬세하고 정서적인 표현에 깊이가 있는 사람이다. 이런 특성이 나라는 것을 인정하기 시작한 건 얼마 되지 않았다. 사람을 좋아하여 다양한 관계를 맺고 유지하는 것에 에너지를 쏟는다. 그만큼 관계를 소중히 여겼기 때문에 이전에 사귀던 남자친구와 헤어졌을 때는 엄청난 상실감으로 많이 힘들었다. 그런 내가 동갑내기 남자를 소개받은 지 몇 개월도 안 되어 결혼을 했다. 결혼을 결심하기까지에는 여러 가지 이유가 있지만 말이 잘 통하는 것 같다는 것이 결정적이었다. 결혼을 결심하면서 나는 좋든 싫든 함께 대화하는 것을 소중히 여긴다는 것을 알았다. 그리고 한 가지 더. 나 자신이 에너지를 받아야 하는 것은 물론, 상대방도 나를 통해 만족감을 느낄 때, 내가 의미 있는 관계라고 규정짓는다는 것도 알았다. 남편은 교제하면서 자신은 지금까지 여자를 이렇게 오랫동안 만나 본 적이 없다고 했다. 돌이켜 보면, 우리들의 교제 기간은 일 년도 채 되지 않았는데 말이다. 남편은 '어쩌면 결혼을 해 봐도 괜찮겠다.'라는 생각까지 하게 되었다고 덧붙였다. 결혼 소식을 들은 지인들은 사귄 지 1년도 안 되었는데 너무 서두르는 것이 아니냐고 염려하기도 했다. 그렇지만 나는 상대방이 나를 통해 다른 지점을 경험하게 되었고 처음으로 결혼에 대해 생각해 볼 수 있게 되었다는 말에 감동을 받아서 결혼을 결정하였다. 그 순간 나도 이 사람과 결혼하는 것이 나쁘지 않다고 생각했고, 무엇보다 내가 특별한 사람이 된 것 같아서 기분이 좋았다. 우리는 이렇게 결혼했다.

코로나 시대에 결혼을 하고 신혼 기간을 보내면서 우리 부부는 함께 재택근무를 하게 되었다. 남편은 과학 계통의 업종에 종사하는 연구원이다. 평소에도 탄력적인 근무를 해 오던 남편은 코로나 사태가 심각해지면서 사무실에 전혀 나가지 않았다. 자연스럽게 집에 함께 있는 시간이 늘어났다. 같은 공간에서 있는 시간이 늘어날수록 나는 내가 알고 결혼한 사람이 맞나 하는 의문을 가질 정도였다. 나는 결혼 조건으로 외모나 재산 같은 것은 전혀 보지 않았다. 오직 성격 하나만 보면서 결혼 상대를 선택했는데, 지금 남편을 보면 결혼 생활에 대한 회의감을 가지게 되고 때로는 절망감도 느꼈다. 내가 일하는 방식은 방해받지 않아야 일에 집중할 수 있는 스타일인데, 남편은 시도 때도 없이 방해하며 내 영역을 침범했다. 반면, 내가 다치거나 아파서 도움을 요청하면 남편은 그 순간 하던 컴퓨터 게임에만 몰두하면서 내게는 전혀 관심이 없다는 태도를 보였다. 내 입장에서 보면 매사 자기 기분에 따라 하고 싶은 것만 하는 것 같았다. 상대방에 대한 배려는 전혀 없었다. 나는 한 가정을 책임져야 할 가장이 자신이 하고 싶은 대로만 하는 것은 아니라고 생각했다. 그래서 가사 분담과 재택 기간 동안 서로를 위해 배려해 주었으면 하는 행동을 의논하자고 제안했다. 그러자 남편은 부모도 하지 않았던 잔소리를 하느냐고 불쾌해하면서 수시로 친구 집이나 본가에 가서 잠을 자고 들어오지 않았다. 얼굴을 안 보니 싸움은 일어나지 않아서 좋았지만, 쌓인 갈등은 아무 것도 해결되지 않은 채 누적되는 기분이 들어서 견디기 힘들었다. 그것은 내가 무엇보다 관계를 중요시하는 사람이기 때문이다. 걱정할 것이 뻔해서 상황은 어려워도 친정 부모님에게 말할 수 없었다. 해결 방법도 없이 이런 상황이 이어지는 동안 나는 우울이나 불안 증상으로 잠을 잘 수 없었고 여러 가지 신체적 증상도 나타났다. 매일 병원에 다니면서 힘들어하는 것을 봐도 남편은 미동조차 하지 않았다. 괜찮냐는 말 한마디 없이 본인이 하고 싶은 것만 하면서 지냈다. 결혼을 하여 한 공간을 쓰고 있지만 우리는 기숙사 룸메이트보다도 못한 단절된 상태로 지냈다. 어떤 날은 이대로 차에 치여 죽었으면 좋겠다는 극단적인 생각까지 하게 되었다. 나는 이처럼 막다른 골목까지 내몰리고 나서야 상담을 받기로 결심했다. 이혼을 하더라도 마지막까지 노력을 해 보고 싶어서 부부상담을 원했다. 그런데 남편은 '내가 왜 상담을 받아아 하나'며 "힘들면 너나 받아."라고 거절했다. 나 혼자 상담을 받을 때는 좋았지만 집에 돌아오면 다시 고통스러웠다. 결국 별거를 결심했다. 떨어져서 지내면서 이혼 여부를 결정하기로 했다. 더 이상 버틸 수 없는 상황이 되어 부모님께 말씀드렸더니 "네가 사는 게 더 중요하니까 이혼하고 싶으면 해라."라고 위로해 주었다. 역시 가족밖에 없다는 생각이 들었다. 그렇게 한 달이 지나서 마음을 정리해야겠다고 생각할 무렵 남편이 친정집에 찾아왔다. 오자마자 "자신이 예민하고 어리석게 행동해서 미안하다……. 다시 잘해 보고 싶다."라고 무릎을 꿇고 사과했다. 나는 남편을 다시 받아들이기로 결심했다. 사실 내가 어디까지 견딜 수 있을지는 아직 모르겠다. 여러 정황을 고려하여 이혼보다는 타협하고 사는 쪽으로 결정한 것뿐……. 내가 이 사람과 어떤 관계의 형태를 유지하고 어떻게 이해하고 살아야 할지는 여전히 미지수다. 그냥 하루하루 견뎌 가는 느낌이다. 다행히도 아직 아이는 생기지 않아서 내심 안도하고 있다. 이혼할 수 있는 여지를 남겨 놓기 위해 당분간 아이는 갖지 않을 생각이다.

'그래도' 부부, 관계로 인해 상처받는다.
그럼에도 불구하고 해소한다.

관계는 삶을 사는 인간에게 필수 불가결하다. 결혼이 인생의 궁극적인 목표는 아니지만 성인들이 가장 오랜 시간 함께 보내는 관계가 부부 관계이다. 부부는 가족 체계의 기본 구성이기 때문에 자신들뿐 아니라 다른 가족 구성원들에게 미치는 영향력이 막대하다. 만약 원만한 결혼 생활을 유지하지 못하면 부부의 전반적인 삶에 부정적인 영향을 줄 뿐 아니라, 자녀들에게도 부정적인 영향을 미칠 수 있다. 따라서 건강한 가족의 지표 중 하나가 안정적인 부부 관계라고 생각한다. 안정적이고 건강한 부부 관계를 유지할 수 있는 요인들은 궁극적으로 관계의 유지와 갈등의 해결과 회복에 영향을 미친다. 특히 자녀들의 발달 연령이나 결혼 시기나 유지 기간 등도 부부 관계 만족에 영향을 미친다. 많은 부부가 각자 삶의 위치에서 여러 가지 갈등과 위기를 경험한다. 위기를 경험할 때, 그것을 감당할 수 있게 돕는 탄력성의 요소가 친밀한 애착 관계라고 말할 수 있다.

부부 관계와 결혼 생활에서의 긍정적이고 건강한 관계 개념은 동반자 관계라고 볼 수 있다. 서로에게 필요를 제공하는 소중한 관계를 의미하며 보완적인 관계, 편안하고 솔직하게 자신들의 삶을 나눌 수 있고 함께 살아가는 존재를 의미한다. 특히 부부가 동반자 관계가 되어 결혼 생활을 유지할 수 있게 만드는 요인 중 하나는 정서적 의사소통이다. 물론 만족스러운 성관계, 문제 해결, 자녀 양육에 대한 협력, 가치관 공유, 종교도 부부 관계 유지의 요인에 속한다. 이 영역들은 부부에게 고난을 극복할 수 있는 자원을 제공해 주고 자신들의 삶을 성찰하게 도우며 소통의 매개가 되어 준다. 또 한 가지는 신뢰이다. 신뢰란 배우자에 대한 믿음을 의미하며 애정과 수용, 배려를 포함한다. 이 외에 긍정적인 요인으로는 의사사통 및 갈등 해결, 함께하는 여가 활동, 성적 요인, 가사 노동 분담을 들 수 있다. 결론적으로 말하면, 부부 관계의 긍정성은 부부 자체에서 오는 만족감뿐 아니라 다른 삶의 영역, 지역사회 속 관계, 직업 영역에서의 성취, 자녀들의 심리적 안정에까지 영향을 미칠 수 있다.

　이처럼 갈등하는 부부만 있는 것이 아니라 '그래도' 부부가 존재하는 것도 간과할 수 없다. '그래도' 부부의 관계 유지 요인은 여러 가지가 있겠지만 우리는 먼저 '역지사지'를 언급하고 싶다. 기본적으로 역지사지란 서로 다른 내재적 본질에 대한 이해를 의미한다. 아니 이해하려고 노력하는 자세를 뜻한다. 자신의 고통을 인지하고 그 고통이 자신에게 어떤 의미를 주는지 아는 것이다. 그런 깨달음을 통해 다른 사람에게 미치는 고통에 대해 입장을 바꿔 이해하는 방법도 배울 수 있다. 이것은 공감 수준의 증가와 연결된다. 관계에서 역지사지를 할 수 있다면 위기를 기회로 만들 수 있고, 다른 사람의 관점을 넓은 맥락에서 이해할 수도 있다. 역지사지는 '입장을 바꿔 생각하기'로 정의할 수 있을 것이다. 상대의 처지에서 생각해 보는 자세를 말한다. 애덤 스미스는『도덕감정론』에서 "인간은 선천적으로 사랑받기를 원할 뿐 아니라 사랑스러운 사람이 되기를 원한다."라고 한 바 있다. 사람은 자신이 사랑스러운 사람이 되기 위한 노력을 주체적으로 할 수 있는데, 이를 위해 중요한 단계가 역지사지이다. 역지사지는 사고의 과정이며 이론적 관점에서 '공감'과 유사하다. 역지사지는 복합적이고 체계적인 인지 능력이며, 정서적으로도 상대의 처지나 역할을 이해할 수 있는 능력을 포함한다. 부부 관계에서 역지사지의 사고를 하게 되면 상대방의 입장을 이해하게 되고, 서로가 다르다는 것을 인정할 수 있다. 그러면 나 중심적인 사고가 없어질 뿐 아니라 배우자의 욕구를 먼저 고려하게 된다. 상대방이 이런 과정을 공감할 때, 심리 부적응 변인인 분노나 공격성을 감소시키고 상대방을 이해하려는 이타적 동기를 자극하여 친사회적인 행동으로 이어진다. 그리고 이런 일련의 행동들은 결혼 생활의 긍정적인 질과 만족도에 영향을 미칠 수 있다. 즉, 역지사지 능력, 상대주의적 사고는 관계에서 발생하는 욕구 충돌을 다양하게 고려해 볼 수 있는 여지를 제공한다. 그 결과, 상대방의 입장을 이해하고 통합하여 결정할 수 있게 된다. 내가 원하는 것을 얻기 위해서는 내가 먼저 하는 것이 거울신경세포를 작동시킬 수 있다.

'그래도' 섬에 사는 부부가 반드시 지키고 있는 몇 가지 사항이 있다.

첫째, 공존과 균형이다. 공존과 균형은 함께 만들어 가는 부부 관계에서 상대에게 조율하려는 사고와 상황에 따른 융통성을 의미한다. 또한 힘든 일 가운데 숨겨진 희망, 즉 긍정적인 시간이 있었다는 사실을 기억해 내는 의지도 중요하다. 부부 관계는 항상 긍정적일 수 없고, 갈등이 존재하기 마련이다. '그래도' 부부는 경험하게 되는 갈등을 거부하거나 두려워하는 대신에 오히려 이것을 관계의 발전에 밑거름이 되도록 노력하는 모습을 보인다. 부부 관계에서는 갈등을 잘 관리할 경우 부부의 결합이 더욱 곤고해진다. 뿐만 아니라 배우자를 이해하는 데 도움을 주기 때문에 서로가 성장할 수 있는 긍정적인 측면이 있다. 문제가 생겼을 때 그 문제를 인식하고 다루는 방식이 가정생활을 하는 데 중요한 역할을 한다. 부부가 자신들의 삶의 이야기를 할 경우, 문제 이야기에 중점을 두기보다 그 문제에서 벗어나

이겨 낼 수 있었던 과정이나, 문제가 있더라도 어려움 속에서도 부부가 함께 견뎌 낸 긍정적인 시간이 있다는 것을 발견하는 것이 중요하다. 이것은 '그래도' 부부의 특징으로 부부가 관계의 건강성을 유지할 수 있는 비결이다. '나'가 아닌 '우리'라는 개념으로 부부의 이야기를 재구성할 때, 부부는 연결감을 느끼고 부부 공동체 의식을 갖게 될 뿐더러 신뢰와 자율성도 획득할 수 있다. 긍정적인 부부 관계는 긍정적인 경험만을 유지하는 것과는 다르다. 부정적인 경험 속에서 긍정적인 요소를 찾는 융통성과 탄력성을 의미한다. 부부 관계에서 갈등이나 문제가 발생하는 것은 자연스러운 일인 것이다. 대부분의 부부는 갈등 해결을 위해서 부부 상호 간에 차이를 서로 조절하고 통합하는 과정과 합리적이고 융통적인 상황 판단을 하는 인지 능력과 공존하려는 협력적 태도를 가지려고 한다.

둘째, 작은 것이라도 가치 실천을 위한 행동을 하는 것이 중요하다. 서로 잘 지내는 부부는 배우자의 모습을 평가하지 않고 있는 그대로 이해하고 수용하려고 한다. 또한 자신들이 소중히 여기고 가정을 지키려는 노력을 하기 위해 실천적인 행동을 할 수 있다는 것을 표현한다. 이처럼 '그래도' 부부는 서로의 가치와 감정을 존중하는 행동을 하면서도 언제나 관계가 좋아야 한다는 판타지를 버리고 끊임없이 노력하면서 어려움에 도전하고 있다.

셋째, 대화의 미학이다. 대화가 친밀한 부부 관계와 긍정적인 결혼 만족에 중요한 요인이라는 것은 구태의연하지만 부정할 수 없는 사실이다. '그래도' 부부는 가정생활을 하면서 관계 유지를 위해 대화 시간을 확보하기 위한 노력과 행동을 하고 있다는 점이 특징적이다. 그리고 대화 시간에는 끊임없이 감사를 표현하려고 노력한다. 고마움을 느끼거나 생각만 하는 것이 아니라 언어로 표현한다. 대화를 할 때 남편과 아내의 긍정적 정서가 높을수록 갈등 대화에서 아내의 요구나 남편의 철회가 덜 나타난다고 보고된다. 결론적으로 말하면, 부부가 경험하는 긍정적인 정서 유발 대화가 '그래도' 부부에게 중요한 요소인 것이다. 결국 대화가 부부의 긍정적인 관계 유지를 돕는다. 부부가 서로 갈등과 어려움을 경험할 때 부정적 상호작용이 일어나지만, 이에 반해 '그래도' 부부는 갈등의 상황을 오히려 전화위복의 기회로 삼는다. 따라서 그들은 대화의 시간을 통해 서로에 대해 긍정적인 정서를 경험하는 실질적인 노력을 한다. '그래도' 부부는 단순히 대화를 나누는 것이 아니라 말을 주고받을 때 대화의 기술을 활용한다. 이들의 대화의 특징을 의미하는 주제어는 호기심, 경청, 공감 그리고 침묵이었다. 경청의 한자어 뜻풀이를 해 보면, 들을 '청(聽)'은 현명한 왕의 귀로 듣고 열 개의 눈과 한 개의 마음으로 듣는 것을 의미한다. 결국 궁금해하는 자세로 온 마음을 다해 상대방의 입장에서 듣는다면 자연스럽게 공감하고 이해하게 된다는 것이다. 다른 어떤 것보다 '먼저 잘 듣는' 행동이 중요하다는 점을 강조한다. 또한 상담자들이 사용하는 치료적 대화의 기술처럼 '그래도' 부부는 서로에게 효과적인 대화의 방법을 사용하고 있었다. 특히 침묵은 부부간에 효과적인 대화를 하는 데 있어서 중요한 요인이다. 문제가 발생했을 경우, 침묵을 사용하면 상대방으로 하여금 스스로 문제를 해결할 수 있는 시간적 여유를 제공할 수 있다.

넷째, 배우자가 나의 편이라는 신뢰와 믿음이 중요하다. 배우자가 상대의 이야기를 열심히 들으면서 이해하게 되어 서로가 만족스러워할 수 있는 행동을 반복할 때, 지금까지 추상적이라 느껴지던 신뢰와 믿음을 가질 수 있게 된다. 사람들은 원하던 '나의 편'이란 나의 이야기를 들어 주는 사람이며, 이것이 살아가는 데 큰 자원과 힘이 된다는 것을 깨닫게 된다. 부부는 애착 관계를 형성할 때 신뢰와 믿음이 중요한 요소라는 것을 이미 알고 있다. 그러나 신뢰와 믿음이라는 단어를 안다고 해서 그것이 자생적으로 내 삶에 들어오는 것은 아니다. 화이트(M. White)의 표현처럼 '단어가 아니라 개념('not a word but a concept)'의 의미를 알려 주어야 한다. 단어가 아닌 개념이 우리 삶에 녹아들기 위해서는 그 말에 대한 실천과 노력이 담겨 있어야 한다. '그래도' 부부는 서로에 대한 믿음과 신뢰를 추상적인 명사로 이해하는 것이 아니라 현실적이고 능동적인 동사로 지각하고 있었다. 배우자의 이야기에 호기심을 가지고 잘 경청하면서 배우자에 대한 신뢰와 믿음을 점진적으로 갖게 된다. 그리고 믿음과 신뢰가 추상적이거나 형이상학적인 개념이 아닌 실질적인 개념임을 알 수 있게 된다. 결국 '그래도' 부부는 서로를 위한 마음과 배려뿐 아니라 실질적인 행동이 두드러졌다. 단순히 서로를 사랑하고 아끼고 배려하거나 존중한다는 개념에 멈추지 않고 그것을 행동으로 옮기기 위한 작은 노력들과 반복적인 실천을 하고 있었다.

결국 '그래도' 부부의 특징은, 부부 갈등은 있지만 복잡한 실질적 문제를 해결할 때 다차원적인 변인을 고려하는 효율적인 측면을 지니고 있었다. 따라서 아주 작은 것도 지나치지 않고 행동하고 있는 것이 돋보였다.

방법론: 어쩌자고 그렇게 섣불리 결혼했을까?

감정박탈증후군…… 아스퍼거증후군의 배우자는 우울증이나 스트레스성 질환이 많이 생길 수 있다. 공감과 감정 인지 능력이 저하된 배우자와 살고 있는 사람은 이런 증상을 가지게 된다. 파트너가 회피형 애착 유형이거나 자기애성 인격 장애와 같은 심각한 뇌기능 장애를 앓고 있는 것도 한 원인이다.

영국에서는 10여 년 전부터 아스퍼거증후군의 배우자들을 위한 지지그룹을 운영하고 있고 부부상담 회기를 가짐으로써 지속적으로 부딪히는 실질적인 상황들을 다뤘다. 이 과정을 다음과 같은 14단계로 나누고 있다.

1. 진단받기
2. 진단 수용하기
3. 동기 부여 상태를 유지하기
4. 아스퍼거 증상이 관계에 미치는 영향을 이해하기

역자 서문

5. 우울, 불안, 강박, 주의력 문제와 관련된 증상들을 다루기

6. 자기 탐색과 자기 자각

7. 관계 스케줄을 만들기

8. 각자의 성적인 욕구를 발견하기

9. 평행한 놀이에 다리 놓기

10. 감각적 과도한 압박과 붕괴를 대처하기

11. 마음 이론을 확장하기

12. 의사소통 기술 증진시키기

13. 공동 양육 전략

14. 기대감을 다루고 판단은 중단하기

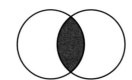

〈부부가 만들어 가야 하는 교집합〉

이제는 마지막으로 방법론을 제시하고자 한다. 물론 이 책 내용에서 계속 다루는 부분이기도 하다. 먼저, 진단을 받는 것이 결론이 아니고 출발점이라는 점을 강조하고 싶다. 내가 과연 카산드라증후군인지, 그리고 내 배우자는 공감 결핍이 있는지를 확인하는 것이 중요하다. 그다음, 그런 사실을 수용해야 한다. 이 모든 사실이 단순히 사실로 끝나는 것이 아니라 나의 스토리가 될 수 있도록 받아들여야 한다. 그리고 내가 이 관계를 유지하고 '그래도'를 만들어 가기 위해 동기 부여를 해야 한다. 관계를 깨는 것은 쉬워 보이지만, 어떤 의미에

서는 관계를 고치고 유지하는 것이 더 쉬운 일이 될 수도 있다. 아스퍼거 증상이 부부 관계에 미치는 영향을 살펴보면서 파급 효과를 먼저 파악하는 것이 중요하다. 이 같은 영향력을 파악하는 것은 정서적인 어려움이 생성되는 것을 예방할 수 있거나 치료적 개입을 할 수 있는 여정을 돕는다. 자기 탐색과 자기 자각도 중요하다. '나'의 정서를 다루어야 궁극적으로 관계 유지가 가능하기 때문이다. 그다음에는 관계 스케줄을 만든다. 개인적인 시간을 가지는 것과 부부가 함께 시간을 보내는 정도를 시각화해 보는 것이다. 그리고 어느 날 어떤 시간만은 서로 함께 시간과 마음을 공유하면서 공동체 의식을 가질 것인지 목록화할 필요가 있다.

부부 관계의 친밀감에서 정서적인 공유만큼 중요한 역할을 하는 것이 서로의 성적인 욕구를 발견하는 것이다. 성적인 관계가 안정적일 경우에 부부 관계를 질적으로 건강하게 유지할 수 있게 돕는다. 카산드라증후군의 경우, 부부 관계에서 서로 평행선의 관계를 유지하는 듯한 외로움을 경험할 수도 있다. 마치 서로 만나지 못하는 견우와 직녀와 같은 느낌일 것이다. 견우와 직녀가 일 년에 한 번 오작교에서 만나는 것처럼 평행한 관계에 다리를 놓는 것이 필요하다. 그것은 각자의 영역을 유지하면서도 교집합의 시간을 늘려 가는 것이다. 그림에서 칠해진 영역이 점점 커져 갈 필요가 있지만, 욕심 내지 않고 서서히 접근하는 것이 중요하다.

그다음은 감각적인 과도한 압박과 붕괴를 대처하는 것이다. 자신이 공감 능력이 결여된 배우자로 인해 너무 외롭고 정서적 박탈감을 느낀다면 자신의 정서를 다룰 수 있는 방법들을 찾는 것이다. 마음 이론은 타인에 대한 공감과 이해 능력 정도를 평가한다는 의미의 심리학 용어이다. 정신이 기능을 정상 수행하거나 그렇지 못한 사람이 드러내는 행동 패턴 중 하나로, 신념, 의도, 욕구, 감정, 지식 등의 정신 상태가 자신 혹은 타인에게 있다는 것이다. 마음 이론을 확장한다는 것은 말처럼 쉽지는 않다. 그렇지만 눈에 보이지 않아도 서로 조금씩 양보하고 배려할 때, 관계의 시냅스는 연결되고 자랄 수 있는 여지가 생긴다.

그다음은 의사소통 기술을 증진시키는 것이다. 우리는 일상생활 속에서 항상 대화를 하기 때문에 가깝다고 느끼지만, 곧 어떤 대화를 하느냐에 따라 다르다는 것을 깨닫게 된다. 대화를 통해 서로 상처받기도 하고 이해하지 못해서 교감이 이루어지지 못하기도 한다. 모든 부부와 가족에게 의사소통 문제는 존재하지만, 특히 카산드라증후군 부부에게는 더욱 두드러진다.

그다음은 공동 양육 전략이다. 자녀가 있을 경우, 독박 육아를 하지 않기 위해서는 공동 양육 전략이 중요한 디딤돌이 된다. 자녀를 잘 양육할 수 있는 좋은 방법은 바로 배우자로부터 정서적인 지지를 받는 것이다. 이 같은 지지를 받기 어려운 경우에는 공동 양육에 대해 끊임없이 전략을 짜고 합의하는 과정이 중요하다. 결국은 해결 자체가 목적이 아니라 그 목적을 향하는 과정과 여정을 통해 부부가 접점을 찾고 평행선을 극복하게 되는 것이다.

마지막 단계는 판단하기를 멈추고 서로에 대한 기대를 점검해 보는 것이다. 친밀한 관계가 힘든 이유는 기대감이 크기 때문이다. 우리는 길을 걸으며 우연히 스치는 관계에서는 쉽게 상처를 받지 않는다. 나는 관계에서 무엇을 기대하는가? 무엇을 바라는가? 또 절대 안 되는 것은 무엇인가? 이런 경계선을 서로에게 말해 주고 알려 줌으로써 원하는 것은 해 주고 원하지 않는 것은 안 한다는 기본적인 원칙을 지킬 때 바람직한 관계가 될 수 있다.

우울해하고 짜증을 내면서 남편을 비난하는 아내들

부부 관계로 고민하는 사람이 늘고 있다. 달콤하던 신혼 기간이 짧게 끝나고 아이가 생긴 뒤부터 삐걱거리기 시작하더니, 지금은 얼굴만 봐도 불만과 분노로 가득 차며 말다툼이 끊이지 않는 살벌한 관계를 이어 가고 있다. 아내 입장에서는 스트레스의 가장 큰 원인이 남편이고, 때때로 이혼을 꿈꾸면서 마음을 달랜다. 남편 역시 일이나 관계의 문제로 스트레스를 받고 있는데, 집에 가도 편하지 않기 때문에 자신이 쉴 곳은 어디에도 없다고 느낀다.

결혼에 대한 기대가 크고 파트너와의 관계를 소중히 생각해 온 사람일수록 현실 파트너와의 관계가 기대에서 벗어났다고 생각하면서 심한 실망감을 느낄 수밖에 없다. 기대에 어긋난 인생의 원인 제공자인 상대방에게 분노와 짜증을 드러내기 쉽다. 겉으로만 보면 별로 문제가 없어 보이고 오히려 좋은 남편처럼 보이는데, 아내는 인간성이 파괴될 정도로 괴롭기만 하다. 그런데 문제는 아내가 왜 그렇게 힘들어하는지 남편은 전혀 모른다는 것이다. 그래서 아내가 문제를 제기할 때 이유 없는 트집이라고 비난하기도 하고, '히스테리'라고 일축해 버린다. 심한 경우는 자신의 아내를 악처(惡妻)라고 심하게 비난한다. 이것이 카산드라증후군의 전형적인 모습이다.

카산드라증후군의 원인을 남편의 '공감 능력 결여'에서 찾은 임상 개념이 세상에 등장한 것은 불과 30여 년 전인 1988년의 일이다. 따라서 대중에게 알려진 것은 오래되지 않았다. 카산드라증후군은 공감 능력의 결여나 정서적인 관계 회피를 보이는 아스퍼거증후군, 회피형 애착 등에 대한 이해가 보편화된 것과 관련이 있다. 많은 여성들이 자신의 배우자가 사실은 그런 경향이 있는 사람이라는 것을 깨달았기 때문이다.

남편 역시 자신이 '아스퍼거증후군'이나 '회피형 애착'이라는 것을 이해하고 삶의 힘든 이유가 거기 있었다고 알게 된 것처럼, 배우자 역시 함께 생활하면서 소통에 어려움을 느끼거나 공감이 되지 않아 괴로워하고, 이로 인한 스트레스로 몸과 마음의 병을 얻었다는 납득할 만한 이유를 찾은 것이다.

원인을 알면 대처법도 찾을 수 있다. 여성이 우울해하면서 짜증을 부리면 남편들은 대부분 월경전증후군(PMS)이나 갱년기 탓으로 돌리면서 우울증이나 히스테리라는 병명을 붙여 왔다. 카산드라증후군인 경우에는 아내의 '질병'만 치료한다고 해서 진정한 의미의 상황 개선으로 이어지지 않는다. 무엇 때문에 그렇게 되었는지를 제대로 되짚어 보는 대응이 필요하다.

요즘은 과거보다 이혼을 쉽게 받아들이고 그 과정도 수월해졌지만, 대가는 적지 않다. 이혼으로 남성은 10년, 여성은 5년의 평균 수명이 줄어든다는 통계 자료도 있다. 자녀가 있는 경우는 더 큰 난관과 어려움이 예상된다. 물론 헤어지는 것이 필요한 경우도 있지만, 그 전에 할 수만 있다면 이런 카산드라의 '비극'을 막는 것이 바람직하다. 어떤 징후가 보일 때 개선에 대한 대책을 세우는 것만으로도 여러 명의 삶을 구할 수 있을 것이다.

먼저, 카산드라증후군에 대해 배우고 부부 사이에 어떤 일이 일어나고 있는지를 깨닫기 바란다. 예방을 위한 행동 방식, 필요한 대처 방법도 숙지하면 좋을 것이다. 그리고 그것을 일상생활에서 활용해 보기를 기대한다. 카산드라증후군은 부부 관계의 '생활습관병'이라고 부를 수 있다. 작은 뒤틀림이 쌓여 견딜 수 없는 큰 미움이 된다. 초기 단계라면 상대방을 대하는 방법만 바꿔도 신혼 때와 같은 다정한 기분을 되돌릴 수 있다.

현재 상황이 심각해 파탄에 이르기 직전에 있는 경우도 적지 않을 것이다. 저자가 활동하는 클리닉이나 상담센터에서 이런 경우의 사례를 자주 만날 수 있었다. 따라서 난처한 상황에 빠져 있는 커플의 새로운 삶을 위한 구체적인 방법이나 이혼이라는 해결 방법을 선택했을 때의 주의점 등에 대해서도 이야기할 생각이다.

카산드라증후군을 일으키는 원인의 대부분은 남편이지만, 아내가 아무런 노력도 할 필요가 없다는 말은 아니다. 관계를 회복하기 위해 카산드라증후군을 일으키는 원인의 대부분은 남편이지만, 아내가 아무런 노력도 할 필요가 없다는 말은 아니다 서 아내 역시 이해와 노력이 필요하다. 카산드라증후군의 비극은 남편과 아내의 특성이 서로를 막다른 궁지에 몰아넣는 형태로 숨통을 조이는 것 때문에 발생한다. 서로의 덫이 되는 것보다 편한 관계가 되는 쪽으로 방향을 전환할 필요가 있다. 이 책에 언급된 방법들은 지금의 배우자나 혹은 (만약 헤어진다고 해도) 미래에 만나게 될 파트너와의 행복한 관계를 위해 필요한 기술들을 담고 있다.

이 책은 일반 독자의 이해를 돕기 위해 많은 사례를 소개하고 있는데, 이것은 실제 사례에서 힌트를 얻어 재구성한 것으로 특정 사례와는 관계가 없음을 미리 밝힌다.

차례

제4장
카산드라증후군과 섹스에 대한 고민 • 113

제5장
부모 자녀 간의 문제가 생기기 쉽다 • 125

제6장
남편이 할 수 있는 것
-카산드라증후군의 비극을 피하기 위해 · 137

제7장
아내가 할 수 있는 것
—다정한 남편으로 변화시키기 위해 · 165

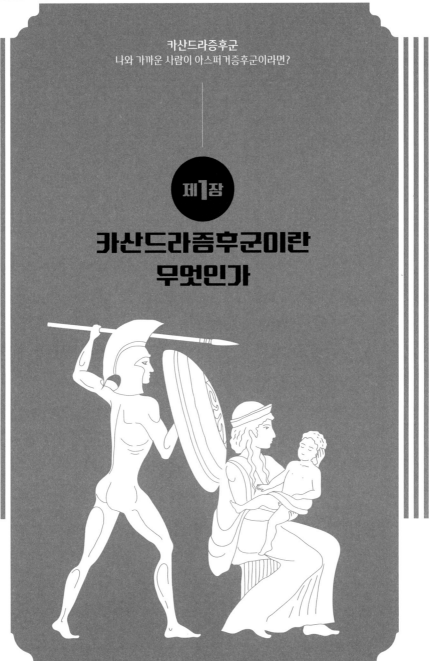

제1장

카산드라증후군이란
무엇인가

행복한 결혼은 끝났다

지카(가명)가 다섯 살 연상 직장 선배인 시게토시(가명)에게 호감을 가지기 시작한 것은 20대가 끝나 갈 무렵이었다. 말수는 적었지만 성실하고 단정한 시게토시의 인상은 나쁘지 않았다. 시게토시는 묵묵히 자신의 일을 하는 타입으로, 기술력이 중시되는 회사 내에서 해박한 전문 기술을 가진 그는 주위 사람들보다 앞선 위치에 있었다. 나이 차는 조금 났지만 나이보다 어리게 보이면서 외모가 단정해서 지카의 마음에 들었다. 회사 회식 자리에서 우연히 시게토시와 같은 자리에 앉게 되었을 때, 지카는 과감하게 물었다.

"사귀는 사람 있죠?"

그러자 시게토시는 곤란한 듯 웃으며 대답했다.

"없어요."

먼저 다가간 것도 지카 쪽이었다. 데이트를 할 때도 이야기를 하는 쪽은 90퍼센트가 지카였고, 시게토시가 가끔 하는 이야기라고는 일과 관련된 기술적인 것이거나 자동차 이야기뿐이었다. 시게토시의 유일한 취미는 자동차 잡지를 보는 것이었다.

지카는 시게토시의 이야기에 흥미가 없었지만, 어려운 기술 분야 이야기를 열심히 하는 모습을 보면서 정말 성실한 사람이라고 생각했다. 폭력적이고 술버릇이 나쁜 아버지 때문에 고생하는 어머니를 보고 자란 지카는 성실하고 다정한 사람을 남편으로 선택하고 싶었다.

하지만 서른이 눈앞에 있어도 결혼 이야기가 전혀 나오지 않자 불안해진 지카는 먼저 말을 꺼냈다.

"저에 대해 어떻게 생각하세요?"

그렇게 해서 시게토시로부터 인생을 함께 걸어가자는 결혼 프러포즈를 받았다. 그때는 하늘을 날 것 같은 기분이었다.

신혼 시절은 행복했다. 시게토시는 언제나 자신의 일에 대한 얘기를 했지만 지카의 이야기도 잘 들어 주었고, 성실한 면도 있어서 청소나 빨래는 지카보다 훨씬 꼼꼼하게 했다. 쉬는 날에는 집안 청소나 설거지를 먼저 알아서 해 주었다.

결혼하고 나서 몇 가지 납득이 되지 않는 부분은 있었다. 시게토시는 신경이 예민해서 BGM이 흘러나오는 곳에는 가지 않으려 했다. 그리고 자신이 예상하지 못한 일이 일어나면 온화했던 얼굴이 평소와는 달리 전혀 다른 사람처럼 굳어져 버렸다.

그래도 아이가 태어날 때까지는 서로 여유도 있고, 지카도 시게토시에 관한 걸 최우선으로 생각했기 때문에 싸울 일은 거의 없었다. 하지만 아이가 태어나자 그럴 수 없게 되었다. 시게토시는 출장을 자주 다녔고, 친정에도 쉽게 갈 수 있는 거리가 아니어서 육아에 대한 부담은 오로지 지카 혼자 짊어지게 되었다. 지카는 시게토시가 집에 오면 기다렸다는 듯이 쌓였던 푸념을 하면서 마음의 응어리를 풀려고 했다. 그런데 남편은 말을 듣기는 해도 왠지 남의 일을 대하는 것 같은 태도로 반응했다. 아내의 고충을 정말 알고 있는지에 대해 의문을 가질 정도였다.

남편은 집안일도 신혼 때만큼 하지 않았다. 예전에는 지방 출장을 가서도 밤마다 안부를 물었는데, 이제는 거의 전화를 하지 않는다. 퇴근을 한 후에도 일을 한다는 핑계로 자기 방에 틀어박혀 컴퓨터에만 붙어 있었다.

물론 시게토시에게도 사정이 있었다. 승진을 해서 회사에서 책임이 무거워진 것이다. 지카도 남편이 회사 일로 힘들 것이라고 생각하면서 이해하려고 했으나, 육아나 살림에 지칠 때면 남편의 태도에 화가 났다.

"집에 있을 때는 좀 도와줘."

이렇게 말을 해야 남편은 마지못해서 움직였다. 어떤 때는 스트레스가 쌓였는지 화를 버럭 냈다.

"나도 노는 게 아니야."

시게토시는 점점 일에 쫓겼다. 지카도 혼자 힘들게 집안일과 육아에 쫓기면서 자신도 모르게 슬퍼지거나 고독감을 느끼는 경우가 늘어났다. 그래도 여전히 시게토시가 가족을 위해 애쓰고 있다고 생각했고, 아이도 커서 시게토시처럼 열심히, 성실하게 일을 했으면 좋겠다고 생각했다.

그런데 그런 생각이 일순간에 무너져 내리는 일이 일어났다. 아이가 만 3세 검진에서 자폐의 가능성이 있다는 진단을 받은 것이다. 언어 발달이 늦어져서 3세 반이 지났지만 의사소통이 제대로 되지 않았다. 남편에게 말했지만 자신도 어릴 때 말이 늦었다면서 별로 걱정하지 않았다. 충격도 심했지만 좀 더 빨리 알아서 대응을 했다면 좋앉을걸 하고 후회했다. 아이를 데리고 치료 기관에 다니기 시작했다. 지카는 죽을 힘을 다했다.

그런데도 남편은 냉정하다고 생각할 정도로 아이의 상황에 대해 말하면 귀찮아했다. 남편의 입장에서 아이가 장애라는 걸 인정하기 싫을 수도 있다고 생각하면서도, 지카는 이렇게 중요한 일을 부부가 함께 고민할 수 없다는 사실이 정말 슬펐다.

그로부터 결혼 생활은 점점 아이 중심이 되었다. 솔직히 남편을 신경 쓸 여유가 없었다. 남편은 안중에도 없었다. 그것이 시게토시로서는 기분이 나빴던 모양이다. 집안일이나 식사 준비가 제대로 돼 있지 않은 것에 불평을 했고, 심한 경우 말다툼도 했다.

지카는 아동 발달에 관해 공부를 하거나 전문가에게 상담을 받기도 하면서 남편에게도 아이와 비슷한 성향이 있다는 것을 알게 되었다. 신경질적이고 소리에 민감하거나, 같은 방식을 고수하려고 하는 점이 그랬다. 말이 별로 없거나 대화가 잘 통하지 않는 점도 발달장애 때문일지도 모른다고 생각하니 남편을 이해할 수 있었다. 남편에게도 진찰을 받아 보라고 권했지만 남편은 그럴 필요 없다고 거부했다. 자각이 전혀 없는 남편을 보면서 지카는 더 화가 났다.

시게토시는 집에 돌아오면 아무 말도 하지 않고 술을 마셨고, 부부의 관계는 계속 나빠졌다. 요즘은 작은 일에도 서로를 비난하게 됐다. 이런 부부 관계 때문인지 아이는 자해 행동을 하기 시작했다. 자신이 꾸미고 싶었던 밝고 행복한 가정과 너무나도 멀어진 현실에 암담해진 지카는 우울했다.

카산드라증후군이란

기존의 의학적 범주에서 보면 지카는 우울 상태(우울 에피소드)나 적응장애라고 진단할 수 있다. 일반적인 의학 모델에서는 증상을 보이는 사람을 환자로 보고, 증상을 중심으로 환자에게 병명을 붙인다.

하지만 지카가 드러낸 증상만을 보고 우울증이라고 진단해 버리면 지카가 안고 있는 문제를 정확하게 파악했다고 볼 수 없을 것이다. 지카의 우울 상태나 초조함은 남편인 시게토시가 감정을 충분히 이해해 주지 않아서 생긴 답답함과 연관되어 있다. 실제로 지카처럼 자녀의 장애가 발견된 경우라도, 부부가 함께 협력해 가면서 관계가 더욱 깊어지는 경우도 있다. 하지만 이 지카와 시게토시의 경우에는 정반대의 상황이 되어 버린 것이다. 지카가 꿈꾸는 것은 힘들 때 서로 위로가 되고, 힘을 합쳐 어려운 상황을 이겨 내는 관계였다. 말수는 적지만 온화하고 냉철한 시게토시와 함께라면 그런 관계가 가능하다고 생각했는데, 현실의 남편 사이에서는 기대와 정반대의 일이 일어나고 있었다.

환자의 증상만으로 진단하는 것이 아니라, 보다 폭넓은 관점으로 무슨 일이 생겼는지를 진단하고 추적하는 것이 이런 사례의 개선과 예방에는 필요하다. 지카와 같이, 남편의 공감 문제 때문에 아내가 우울증이나 스트레스성 심신장애를 겪는 것을 '카산드라증후군'이라 부른다. 전형적으로, 자폐스펙트럼장애(아스퍼거증후군)로 인해 공감 환자의 증상만으로 진단하는 것이 아니라, 보다 폭넓은 관점으로 무슨 일이 생겼는지를 진단하고 추적하는 것이 이런 사례의 개선과 예방에는 필요하다

이나 정서적 반응이 부족한 파트너와 생활하는 사람에게 나타나기 쉬운 증상이다. 배우자, 연인뿐만 아니라 자녀나 동료 등 공감 능력이 떨어지는 사람과 깊은 관계를 맺을 수밖에 없는 사람에게도 유사한 증상이 나타난다. 카산드라증후군은 의학적 진단 범주는 아니지만 의학적 진단보다 본질을 파악하기 쉽기 때문에, 치료적으로도 도움이 되는 유용한 개념이라고 본다.

카산드라증후군의 의미와 진단 기준

카산드라의 비유는 그리스·로마 신화에 등장하는 트로이 왕의 딸 카산드라의 비극에서 유래한다. 카산드라는 매력적인 여성으로, 그녀의 아름다움에 반한 신(神) 아폴론이 카산드라에게 미래를 예지할 수 있는 능력을 주었다. 그런데 아폴론이 카산드라에게 구애하자 카산드라는 완강히 저항했다. 화가 난 아폴론은 카산드라가 예언을 해도 아무도 그녀의 말을 믿지 않는 저주를 내렸다. 카산드라는 트로이에 전쟁이 일어날 것을 예견하고 그것을 모두에게 전하려고 했지만, 아버지를 비롯해 아무도 믿어 주지 않아서 그 답답함에 몹시 괴로워하였다.

이렇게 아무리 전하려고 해도 믿어 주지 않는 상황을 빗대서 카산드라의 비유를 쓴다. 그 비유를 정신적인 문제를 겪고 있는 여성의 병리에 처음 적용한 사람은 분석심리학파 치료자인 로리 레이튼 샤피라(L. L. Schapira)다. 샤피라는 자신의 저서 『카산드라 콤플렉스(Cassandra Complex: Living With Disbelief-A Modern Perspective on Hysteria)』(1988)에서 히스테리를 일으킨 여성의 심리를 설명하였다. 그는 아무리 소란을 피워도 상대해 주지 않는 카산드라 딜레마에 대한 내용을 소개했다. 샤피라는 카산드라 콤플렉스의 요건으로—1. 이지적이지만 정서가 부족한 유형의 사람과 잘 풀리지 않는 관계, 2. 히스테리를 포함한 심신의 불안정이나 고통, 3. 그런 사실을 다른 사람에게 이해받고 싶어 해도 믿어 주지 않는 것—의 세 가지를 제시한다.

그 후 이 증상은 아스퍼거증후군으로 대표되는 공감 능력이 낮은 파트너와 관계를 맺는 사람들에게 발생하기 쉽다고 알려졌다. 이것은 카산드라증후군이나 카산드라정서박탈장애로 알려져 있다.

맥신 애스톤(M. Aston)이 제기한 진단 기준은—1. 적어도 한쪽의 파트너가 아스퍼거증후군 등의 공감 능력의 결여나 정서적 표출 장애가 있는 경우, 2. 파트너와의 관계에서 정서적 교류가 부족하거나 심각한 갈등, 불만, 학대 등이 있는 경우, 3. 심신의 불안정이 나타나는 경우—로 요약할 수 있다.

이는 샤피라가 제시한 요건 중 1과 2로만 한정시킨 내용이다. 그러나 본래 카산드라 비유가 의미하는 것은 주위 사람들로부터 인정받지 못하는 고통으로 인해 상처를 받는다는 것이다. 따라서 샤피라의 정의는 의학적이라고 말할 수는 없지만, 도움이 되는 부분이 있다.

나를 알아주지 않아서 생기는 괴로움

실제 공감 반응이 부족한 남편과 사는 고통을 이해받고 싶지만, 평범한 사람일수록 그 같은 고통을 더 이해하지 못한다. 겉으로 보는 남편은 이지적이고 성실하고 근면하며 열심히 일하는 이상적인 남편으로 보이는 경우가 많기 때문이다. 상대를 배려하는 말은 할 줄 모르며 말수가 적고, 번지르르한 표현을 싫어하는 보수적인 도덕관을 가진 사람으로 보인다. 따라서 소박하고 앞뒤가 다르지 않은 좋은 사람으로 평가되기 쉽다.

저렇게 성실하고 열심히 일하는 남편인데 무슨 불만이 있냐는 반응만 돌아온다. 오히려 불만을 표현하는 쪽이 제멋대로이며 문제가 있는 배우자라고 생각되기 쉽다. 시어머니에게 고충을 호소하면, 벌레 하나 죽이지도 못하는 선량한 아들의 어디가 문제냐고 역공을 당할 수도 있다. 결국 아내는 남편이 자신의 마음을 이해해 주지 않아서 고통스러운데, 그 같은 괴로움을 주위의 사람들까지 몰라주는 이중고에 시달리는 셈이다. 과거에는 아무 말도 못 하고 그저 참으면서 감옥 같은 결혼 생활을 견디는 경우가 적지 않았다.

도저히 견딜 수 없어서 그런 감옥에서 탈출하려고 하면 손가락질을 당하는 것은 아내 쪽이다. 최근 들어 카산드라증후군이라는 말이 알려지면서, 이지적이고 선량한 인물이라고 판단되어도 공감 능력이 없는 파트너와 같이 사는 것은 아내(남편의 경우도)의 입장에서는 고통이라는 것을 이해받기 시작하였다. 이것은 어떤 의미에서는 구원을 향한 첫걸음이라 말할 수 있다.

아스퍼거증후군 (자폐스펙트럼장애)이란

카산드라증후군의 원인이 되는 대표적인 예는, 남편(아내의 경우도)이 아스퍼거증후군을 포함한 자폐스펙트럼장애나 그 경향이 있는 인물인 경우다. 아스퍼거증후군이나 그 경향이 있다고 해서 배우자와의 관계가 나쁘다는 의미는 아니다. 좋은 관계를 만들어 가는 경우도 있다. 단지 일반적으로 보면 부부 관계에서 어려움을 겪을 가능성이 높다. 좋은 관계를 이어 가는 경우와 그렇지 않은 경우를 포함해서, 아스퍼거증후군과 배우자 사이에서는 어떤 일이 일어나기 쉬운지 생각해 보자.

자폐 경향이 있는 상태를 넓은 범위에서 자폐스펙트럼장애라고 하는데, 그중에서도 지적 능력이나 언어적 능력이 저하되지 않는 사람을 아스퍼거증후군(아스퍼거 타입)이라고 한다. 능력이 낮지 않은 정도가 아니라 상당히 뛰어난 경우도 많다.

의사소통을 하거나 서로 협력하여 행동하는 것에 어려움을 보인다. 상대의 기분에 공감하거나 행간의 의미를 잘 이해하지 못한다. 동일한 행동 패턴을 선호하고 흥미를 느끼는 범위가 국한되어 있으며, 자신의 관점을 쉽게 바꾸지 못한다. 감각 기관이 지나치게 예민하거나, 반대로 둔하다

공통적인 특징으로, 첫째, 의사소통을 하거나 서로 협력하여 행동하는 것에 어려움을 보인다. 둘째, 상대의 기분에 공감하거나 행간의 의미를 잘 이해하지 못한다. 셋째, 동일한 행동 패턴을 선호하고 흥미를 느끼는 범위가 국한되어 있으며, 자신의 관점을 쉽게 바꾸지 못한다. 넷째, 감각 기관이 지나치게 예민하거나, 반대로 둔하다는 것을 들 수 있다.

이런 특성은 대인 관계, 특히 친밀한 관계에서는 불리하지만, 학업이나 직업적인 면에서는 유리하게 작용할 수 있다. 실리콘밸리에서 아스퍼거증후군의 유병률이 10퍼센트를 넘는다는 사실에서도 알 수 있듯이, IT 산업을 포함한 고도의 전문 지식을 필요로 하는 영역에서는 아스퍼거증후군이나 그 경향이 있는 사람이 많이 활약하고 있다.

아스퍼거증후군이 보이는 한정된 영역에서 국한된 관심이나, 주위의 것들을 잊어버릴 정도의 집중력은 연구나 기술 개발에 필요한 재능이라고 할 수 있다. 또한 같은 일을 반복하기 좋아하는 경향이나 상대의 기분은 신경 쓰지 않고 자신의 의견을 주장하는 특성 역시 테크놀로지나 학문의 발전을 위해서는 적합하다고 할 수 있다. 그들은 사람들이 어떻게 생각할까 하는 것보다 그 사실이 옳은가 그렇지 않은가, 진리인가 아닌가가 더 중요하다. 이들은 감정의 미묘함을 이해

하는 것은 서툴지만, 기술이나 과학의 세계에서는 융통성이 없는 그들의 고집스러움이 유리하게 작용하고 있었다.

아스퍼거증후군을 결혼 상대로 본다면

좁은 영역에 대해 깊은 관심을 보이거나 몰두하는 능력을 살려서 기술직이나 전문직에서 활약하여 나름대로 성공 가도를 달리면서 높은 임금을 받는 아스퍼거증후군도 많다. 따라서 이들은 결혼 상대자로서 매력이 있다. 대학원을 나온 고학력인 사람도 이런 타입이 많기 때문에, 학력을 중시하는 사람들에게는 매력 있는 결혼 상대자가 될 수 있다.

성격적인 면은 어떨까. 아스퍼거 타입인 사람은 온순하고 겸손하며 예의 바른 사람이 많아서, 언뜻 보기에 온화한 인상을 준다. 예상 밖의 일이 벌어지면 혼란스러워하며 짜증을 내거나 분노에 사로잡히는 경우도 있지만, 사람들 앞에서는 좀처럼 그런 모습을 보이지 않기 때문에 몇 번의 데이트로는 그런 면을 알 수 없다. 약속이나 시간을 지나칠 정도로 정확하게 지키기 때문에, 오히려 파트너에게는 그런 점이 성실하고 신뢰할 수 있다는 느낌을 줄 수도 있다.

외모는 어떨까. 아스퍼거 타입은 눈이 크고 반듯한 외모의 소유자가 적지 않다고 알려져 있다. 저자가 받은 인상도 그렇다. 남성 호르몬이 많이 분비되기에 외적으로만 보면 호남형(여성의 경우는 눈이 큰 미인)이 많다. 운동을 싫어하는 사람이 많지만 달리기나 수영, 격투기 같은 개인 경기에서는 뛰어난 경우도 있다. 잘생긴 외모에 연봉이나 학력도 높고 성격도 겸손하며 성실하기 때문에, 신랑 후보로는 거의 톱클래스에 속한다고 볼 수 있다.

모르고 지나친 점은 무엇일까

그렇다고 결점이 없는 건 아니다. 그것은 대화를 나누면 분명히 드러난다. 조금씩 기대와 어긋난 점이 보이기 시작한다. 별로 말이 없거나, 뭘 물어도 건성으로 대답을 하는 것이다. 그런데 자신의 전문 영역의 이야기를 할 때는 쉬지 않고 막힘없이 하면서 상대가 말할 수 있도록 배려하지 않는다.

그러나 다른 점에 이미 마음이 끌렸다면 이야기가 그다지 재미있지 않다는 정도는 큰 단점으로 여기지 않을 것이다. 일방적으로 자신의 전문 영역 이야기를 하는 것도 일에 대한 열정이라는 호의적인 평가를 하고 싶어진다. 그리고 상대가 자신의 말을 제대로 들어 주지 않는 것 정도는 넘어갈 수 있다고 생각한다.

사귀게 된 경위나 교제 과정은 각자 다르겠지만, 분명히 말할 수 있는 것이 있다. 마음에 들지 않았다면 결혼하려고 하지 않았을 것이다. 누군가와 결혼을 결심했다는 것은 평생의 파트너로 지내도 좋다고 생각한 계기가 있었을 것이다. 단지 그런 마음이 조금씩 희미해져 가면서 학력, 수입, 직업, 외모, 성격 등의 일반적인 결혼 조건에 가려져 간과한, 별로 중요하게 생각하지 않았던 점이 시간이 지나면서 아내를 고통스럽게 만들었다는 것이다.

마음과 관심을 공유하거나, 공감하는 대화를 나누거나 관계를 맺는 것이 서투르다는 점을 소홀히 생각했었다. 이렇게 관심을 공유하거나 공감 반응에 취약한 것이 그 후 결혼 생활의 질을 해치게 된다.

공감 반응이 왜 중요한가

공감은 비즈니스나 기술, 연구의 세계라면 오히려 방해가 될 수도 있다. 사업의 경쟁자에게 공감하면 경쟁에서 질 확률이 높다. 고객에 대해서도 표면적으로 공감을 할지라도 머릿속으로는 이익을 높일 방법을 생각하지 않으면 비즈니스맨으로는 실격이다. 연구자나 기술자의 경우에도 어느 방법 또는 가설이 우수한지를 둘러싼 논의를 할 때 상대를 배려해서 해야 할 말을 하지 않거나, 자신이 원하는 방향으로 데이터를 수정한다면 그것 역시 과학자로서는 자격 미달이다. 만약 그런 일을 한다면 누구든지 가차 없이 그 분야에서 추방된다. "그렇게 하고 싶었던 기분은 잘 알아."와 같은 공감 반응이 들어갈 여지는 없다. 아스퍼거 타입의 사람들에게는 숫자와 결과만으로 승부가 정해지고, 미묘한 마음이나 공감같이 애매한 것은 배제되는 세계에서 오히려 마음이 편하다.

그러나 친밀한 관계라면 이야기는 달라진다. 미묘한 마음을 느끼고, 상대가 하는 말이나 행동에 공감하며 반응하는 것이 필요하다. 공감하는 반응을 했다고 해서 무슨 이익이 생기는 것도, 어떤 성과를 올리는 것도, 새로운 발견을 하는 것도 아니다. 따라서 그들은 무의미한 시간을 보내는 것이라고 생각할 수 있다. 아스퍼거 타입 사람들은 공감은 불필요한 것이라고 생각할지도 모르며, 그렇게 해야 하는 이유도 찾지 못한다.

흥미가 없는 것에는 전혀 관심을 나타내지 않으며, 자신의 그 같은 행동을 잘 포장해 보이려는 배려도 하지 않는 것이 전형적인 아스퍼거 타입이다. 나쁜 뜻 없이, 흥미가 없는 것에는 냉담한 반응만 한다. 상대가 아무리 관심을 공유하고 싶어 해도 자신이 흥미가 없는 것에는 어떤 반응도 보이지 않은 채 지나쳐 버린다.

그런데 앞으로 살펴보겠지만, 공감 반응은 건강을 유지하는 데 반드

> 흥미가 없는 것에는 전혀 관심을 나타내지 않으며, 자신의 그 같은 행동을 잘 포장해 보이려는 배려도 하지 않는 것이 전형적인 아스퍼거 타입이다

시 필요한 마음의 영양소다. 부부나 부모 자녀 같은 친밀한 관계에서 특히 중요하다. 단지 그것을 많이 필요로 하는 사람과 그다지 필요로 하지 않는 사람이 있을 뿐이다. 상대에게는 공감을 요구하면서 자신은 표현하지 않는 경우도 있다. 그러나 아스퍼거 타입의 사람은, 자신이 별로 필요로 하지 않기 때문에 상대에게도 공감을 표현하지 않는 경향이 있다.

아스퍼거 타입에게
자주 나타나는 다른 특징

아스퍼거 타입은 공감 반응이 부족한 것 이외에도 자주 나타나는 몇 가지 특징이 있다. 그런 것들은 같이 생활하는 파트너에게는 스트레스나 불편함을 주는 원인이 된다. 따라서 그러한 특성에 대해 미리 알아 두면 이해와 수용으로 이어질 수 있다.

1. 자신에게 관심이 있는 이야기만을 일방적으로 한다.

아스퍼거 타입의 사람들은 대체로 말수가 적고, 자진해서 이야기하는 경우는 별로 없지만 자신의 관심사에 대해서는 평소와는 달리 열변을 토한다. 그런데 이 경우에 대화를 주고받는 것이 아니라 자신이 하고 싶은 말만 일방적으로 하는 것이 특징이다. 대화를 즐긴다기보다 일방적으로 강의를 하는 것 같아서 상대방은 지루하게 느껴진다. 하지만 이런 타입의 사람들은 자신의 관심이 무엇보다 중요하기 때문에 친밀한 관계를 구축하기 위해서는 관심을 공유하는 것이 관건이다.

2. 기억력이 뛰어나고, 자신 있는 영역을 자세히 알고 있다.

아스퍼거 타입의 사람은 대체로 기억력이 뛰어나다. 그리고 관심이 있는 영역은 지나치게 자세히 알고 있다. 그것은 강점이지만 그러한 기억력은 스스로를 고통스럽게도 만든다. 잊어버리면 좋을 불쾌한 경험이나 상처가 머릿속에 박혀서 기억이 날 때마다 분노하게 되는 경우도 많다. 따라서 이런 타입의 사람에게는 되도록 부정적인 말을 하지 않는 것이 좋다.

3. 예민하고 지나치게 집착한다.

아스퍼거 타입의 사람은 청각이나 후각, 촉각, 미각 등의 감각이 예민한 경향이 있는데, 때로는 반대로 둔감한 경우도 있다. 예민함 때문에 선호가 분명하고, 특유의 집착을 보이기도 한다. 다른 사람에게는 전혀 신경이 쓰이지 않는 소리나 냄새 때문에 매우 고통스럽게 느끼거나 촉감이나 온도에도 예민한 경우도 있다. 특정 상품이나 상표가 아니면 받아들이지 않는 경우도 많다. 집착으로 볼 수 있지만 그것은 어느 정도 생활을 제한하는 면도 있다.

4. 경청하는 것이 취약하여 다른 사람의 말을 건성으로 듣는다.

골칫거리나 지장을 초래하기 쉬운 문제로서, 경청하는 것이 취약하다는 점을 들 수 있다. 인지 능력이 우수한 사람이라도 이런 경향을 보인다. 상대의 이야기를 건성으로 듣는다. 따라서 듣고 있는 것처럼 보이지만 의외로 이해를 못하거나 모르고 있는 경우가 많다.

나중에 "말했잖아."라고 비난해도 "그런 말 들은 적이 없어."라고 말하는 것이 치명적이다. 특히 뭔가를 하고 있을 때에는 한 귀로 듣고 한 귀로 흘리는 경우가 많다. 한 가지에 몰입하는 것은 뛰어나지만, 여러 개를 동시에 처리하는 것은 어려워한다. 이런 문제를 예방하기 위해서는 메모를 써서 건네거나, 메일이나 문자로 전하는 것이 좋다.

5. 같은 것을 반복하는 것을 좋아한다.

또 다른 특징은 같은 행동 패턴을 반복하는 것을 좋아한다. 새로운 것에 도전하기보다 정해져 있는 것을 할 때 안심한다. 반대로, 계획이 갑자기 변경되면 언짢아하고 안절부절못한다. 때로는 패닉이 되어 분노를 표현하기도 한다. 배려하여 낡은 물건을 버리고 새 물건으로 바꿔 줬는데 화를 내는 경우도 있다.

6. 예상 밖의 사태에 패닉이 되기 쉽다.

앞의 특성과도 관계가 있지만, 갑자기 예정이 변경되거나 돌발 상황이 생기면 혼란스러워하면서 허둥대거나 분노를 터뜨린다. 여기에 두 가지 이상의 문제나 압박이 겹쳐져서 강한 스트레스를 받으면 감당하기 어렵게 되어 예상치 못한 행동을 하기도 한다. 실수를 한 데다 감정적인 질책이 더해지면 패닉이나 분노를 유발하기 쉽다. 그러므로 이때는 몰아붙이지 않는 것이 중요하다.

7. 규칙이나 정확함에 집착하여 흑백논리에 빠지기 쉽다.

아스퍼거 타입의 사람은 자신의 방식이나 규칙 외에는 받아들이지 못하는 경향이 강하다. 그것을 거스르려고 하면 강한 반발을 한다. 보다 나은 방법을 알려 주려고 해도 좀처럼 받아들이지 않아서 서로가 스트레스만 받고 끝나는 경우도 많다.

흑백논리에 의한 단순화한 사고 패턴을 가지고 있다. 또한 말을 문자 그대로 해석하거나, 예전에 한 발언과 다른 점이나 정확함에 집착하기도 한다. 그다지 중요하지 않은 사소한 점에 지나치게 집착해서 전체를 보지 못하는 경향이 있다. 이런 특성도 파트너와 갈등이 일어나기 쉬운 요인이다.

회피형 애착도
원인이 된다

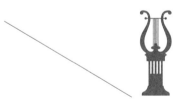

아스퍼거 타입과 유사한 점도 있으며 카산드라증후군의 원인이 되기 쉬운 요인으로 '회피형 애착 유형'이 있다. 아스퍼거 타입은 유전

요인이 강하지만, 회피형 애착 유형은 주로 양육 등의 환경 요인에 의해 발생한다. 따라서 아스퍼거 타입보다 증상은 가볍지만 발생 빈도는 훨씬 높다.

애착이란 친밀함이 토대가 되는 구조로, 어린 시절 부모와의 관계나 그 후의 경험에 의해 사람마다 고유의 유형이 만들어진다. 일반적으로 안정형, 불안형, 회피형으로 나뉜다. 그중에서 회피형은 친밀한 관계나 정서적인 교류를 피하려는 특징을 가지고 있다. 아스퍼거 타입(도 포함된 자폐스펙트럼장애)과 비슷한 것 같지만, 증상이 상대적으로 가벼워도 대인 관계 및 생활은 오히려 더 어려운 경우도 있다.

그에 비해 불안형은 지나친 애정이나 인정을 원하며, 그것을 얻을 수 없으면 강한 스트레스나 분노를 느끼는 것이 특징이다. 불안형과 회피형 커플 사이에 틈이 생기기 쉬울 것이라는 점은 충분히 상상할 수 있을 것이다. 실제로 카산드라증후군에 빠진 여성 중에는 불안형인 사람이 압도적으로 많다.

파트너가 아스퍼거 타입이라면 공을 아무리 던져도 그 공을 되돌려주지 않을 뿐 아니라 관심조차 보이지 않는다. 애착이 불안정한 파트너는 애정을 일방적으로 요구하면서, 자신은 받지 못한다고 느끼는 경우가 많다.

애착 문제가 얽힌 사례는, 자신이 공감이나 지지를 필요로 해서 상대에게 그것을 받기를 원하는데 상대는 그것을 줄 여유가 없는 상황이 발생하기 쉽다. 자신이 안고 있는 어려움을 해결하는 데 정신이 없기 때문이다.

애착이 불안정해지면
어떤 일이 일어날까

　파트너로부터 공감 반응을 받지 못하면 어떤 의미에서는 계속 심리적 방임을 당하는 셈이다. 따라서 애착이 불안정해질 때 어떤 일이 일어나는지 구체적으로 살펴보려고 한다.

　먼저, 자신이 받아들여지고 있는지 사랑받고 있는지에 대한 불안, 즉 애착 불안이 강해진다. 상대의 반응이나 표정, 기분에 민감해지면서, 파트너가 조금이라도 좋은 반응을 해 주면 기뻐하고, 좋은 반응을 얻지 못하면 슬퍼하거나 절망한다. 상대의 기분에 일희일비하게 되는 것이다. 자신의 기분도 불안정해지기 쉽다. 상대의 의도나 생각을 몰라서 혼란스러워지는 경우도 있다. 자신이 뭔가 잘못한 것은 아닐까라고 생각하기도 한다. 그것은 아직 상대에 대한 애정이 있기 때문에, 파트너에게 문제가 있다고는 생각하지 않고 자신에게서 문제의 원인을 찾으려는 것이다.

　그리고 원하는 반응을 얻지 못하는 것에 분노를 느껴, 초조해하거나 화를 내면서 상대를 질책하게 된다. 상대를 소중하게 생각하면서 파트너를 위해서 여러모로 생각하고 행동하고 있는데, 그것에 전혀 반응하지 않는다는 사실에 화를 내는 것이다. 어떤 의미로는, 사랑하기 때문에 그것에 답하지 않는 상대를 미워하는 것이라고 말할 수 있다.

　이런 상황이 계속되면 상대의 반응을 기대하는 것이 허무해져 다시 분노에 사로잡히고, 파트너를 공격하는 자신을 혐오하고, 결혼했다는 것부터 지금까지 노력해 온 것 전부가 무의미한 것처럼 느껴져서 절망에 빠진다. 이런 감정의 소용돌이 속에서도 어떻게든 일상생활은 유지하지만 그것은 단지 습관처럼, 달릴 수밖에 없기 때문에 계속 달릴 뿐이다. 마음속으로는 다 포기하고 싶다고 외치고 있다. 살아 있는 것 자체가 괴롭게 느껴지는 경우도 있다.

그리고 마지막 단계가 찾아온다. 파트너에 대한 애정이나 기대를 버리는 것으로, 공감이나 배려가 없는 상황에 대해 무감각해지는 것이다. 그저 같은 공간에 살고 있는 타인이 되어, 애정은커녕 애착마저도 잃어버린 일종의 회피 현상인 탈애착[1]이 일어난다. 같이 살고 있는 타인이라도 친근감이나 배려를 해 가면서 좋은 관계를 유지하는 경우도 있는데, 그런 것은 전혀 기대할 수 없는 타인 이하의 관계가 된다. 파트너에게 먼저 관심을 표현하는 일도 없고, 눈앞에 있어도 없는 것과 마찬가지인 존재가 된다.

이렇게, 1. 불안이나 혼란, 2. 분노와 공격, 3. 억울함, 4. 탈애착과 무관심 반응으로 이어진다. 순서는 사례에 따라 다르거나 동시에 몇

---

[1] 일관성 없고 학대적인 양육을 받으면 극도의 불안으로 자신을 무가치한 존재, 타인은 예측이 어려운 존재라는 내적작동모델이 형성된다. 이로 인해 타인에 대한 회피 행동을 하게 된다.

가지 반응이 함께 일어나는 경우도 있다.

때로는 탈애착의 단계에 접어들어 더 이상 전처럼 기대를 하지 않지만, 분노나 공격 반응이 일어나 절망하는 경우도 있다. 제대로 해결이 되지 않은 채로 시간만 흐른 경우에 이런 모습을 자주 보인다. 힘들게 체념을 했다고 생각했지만, 상처가 아물기는커녕 아직도 아픔을 생생하게 느끼고 있다. 그것은 산 채로 말라 죽는, 잔혹한 비극이라고 할 수 있다.

겉으로 드러나는 정신 증상은 분노와 공격, 억울함이다. 기존에는 분노와 공격을 여성의 히스테리로 취급하여, 짜증을 내면서 분노 폭발을 한다고 보았다. 억울함은 여성 우울증의 중요한 요인으로 볼 수 있다. 그러나 이처럼 히스테리나 우울증으로 인식되었을 때, 그것이 마치 여성의 문제인 것처럼 간주될 수 있다는 점을 주의해야 한다. 실제로는 파트너의 문제가 반영된 것이다.

애착이나 공감 반응의 구조에 관한 이해는 카산드라증후군을 극복하는 중요한 통로이므로, 앞으로도 이것에 대해 계속 언급할 것이다.

소크라테스의 아내도 소세키의 아내도 카산드라증후군으로 괴로워했다

카산드라증후군이라는 인식이 생긴 것은 최근의 일이지만, 카산드

라는 아주 오래전부터 존재했다. 예를 들어, 소크라테스의 아내인 크산티페는 철학자 남편의 위대함을 이해하지 못하는 악처의 대표로 알려져 있다. 그러나 아내의 행복은 조금도 생각하지 않고 오다가다 만나는 사람들과 철학적 문답만 즐기면서 빈둥거리는 남편에게 화를 내지 않을 아내는 없을 것이다. 크산티페가 매일 히스테리를 일으키고 철학자 남편에게 호통을 치면서 마구 대했다 하더라도, 그것이 크산티페만의 탓일까. 크산티페 역시 카산드라증후군에 시달렸을지도 모른다고 생각한다.

고대 그리스까지 가서 예를 찾지 않더라도, 카산드라의 비극과 같은 고통을 받는 여성의 사례는 너무 많아서 일일이 셀 수가 없을 정도다. 대부분은 그 같은 고민을 이해받지 못하고 악처로 치부되었다. 그중의 한 명이 『나는 고양이로소이다』 『도련님』을 저술한 일본의 셰익스피어라고 불리는 일본의 대문호 나쓰메 소세키(夏目漱石)의 아내 나쓰메 교코다.

교코는 구마모토에서 살 때 시라카와(白川)에 몸을 던져 자살을 시도한 적이 있었다. '히스테리성' 정신질환을 앓고 있었다고 알려졌는데, 그녀는 몹시 우울해하거나 때로는 짜증을 내는 등 정서적 불안 증상을 보였다. 아기를 유산한 것이 직접적인 원인이었다. 그러나 도쿄에서 자라 낯선 환경에 적응하지 못하고 유산의 후유증도 아직 회복하지 못했던 교코의 사정은 살피지 않으면서 소세키는 많은 제자를 집에 초대했다. 그리고 이사까지 했던 것이 자살 미수에 영향을 끼쳤다.

교코의 히스테리는 그 후 후유증을 드러내며 오래 남아서 소세키가 하는 일들을 얼마나 방해했는지에 대한 많은 에피소드가 있다. 그러나 영문법과 하이쿠[2]에 몰두하느라 아내의 상황이나 기분은 거의 안중에도 없는 남편과 소통하지 못하는 아내가 겪었을 고통과 외로움은 상상조차 할 수 없을 것이다. 누구도 교코의 마음을 이해하거나 위로하지 않았다. 오히려 현재까지 악처의 대명사로 불리고 있다는 점이 카산드라증후군인 아내가 겪는 괴로움을 상징으로 드러내고 있다고 볼 수 있다.

사실, 소세키가 구마모토에서 일을 하려고 한 것도 어두운 과거의 속박에서 도망가고 싶었기 때문이다. 소세키는 어릴 적에 수양아들로 맡겨졌다가, 잠시 본가로 돌아갔다가 또다시 아이가 없는 부부에게 양자로 보내졌다. 소세키는 그들과 잘 지내지 못했기 때문에 그 후 다시 본가로 돌아왔지만, 그곳에는 이미 자신이 있을 자리가 없어서 외로움 때문에 마음의 그늘을 가지게 되었다. 분위기 파악을 하지 못하고 무례한 발언을 하거나 우는 아이에게 호통을 치는 소세키의 신경질적인 모습은 아스퍼거 타입의 사람들이 가진 특징과 유사했지만, 아마도 불안정한 애착 문제가 혼재되어 있었다고 볼 수 있다. 잠시 동안 소세키를 키워 준 양어머니가 그가 유명해진 것을 알고 경제적 지원을 부탁하자, 그것에 진저리를 치면서 구마모토로 도망가게

---

2) 일본 정형시의 일종. 각 행마다 5, 7, 5음으로 모두 17음으로 이루어진다. 한 줄의 미학이라고도 불린다.

된 것이다.

하지만 그것에 휘말린 아내의 입장에서는 뜻하지 않은 재난을 만난 셈이다. 구마모토에서 재직 중에 소세키는 영국 유학의 기회가 생기자 아내와 아이를 남기고 홀로 런던으로 떠난다. 교코는 남편과 떨어져 지내게 되었고, 도쿄로 돌아오자 그녀의 상태는 호전된다. 하지만 그것은 태풍 전야의 고요함에 지나지 않았다. 2년 후 런던에서 돌아온 남편은 환청과 피해망상에 시달리면서 때로는 혼자 큰 소리를 지르는 상태였기 때문이다.

교코는 그런 남편과 계속 함께 지냈다. 교코가 그 생활을 어떻게 극복했으며, 남편이 작가로 성공할 수 있도록 어떻게 도왔는지에 관해서는 뒤에 언급하겠다.

아스퍼거증후군이라도 잘 지내는 사례가 있다

아스퍼거 타입은 카산드라증후군의 파트너에게 나타나는 대표적인 문제라고 할 수 있다. 그러나 배우자가 아스퍼거 타입이라고 해서 반드시 파트너가 카산드라증후군이 되는 것은 아니다. 아스퍼거 타입의 배우자와 좋은 관계를 이어 가는 커플도 많이 있다.

잘 지내는 경우와 관계가 나빠지는 경우의 차이점은 무엇일까. 잘 지내는 커플은 관심이나 가치관, 활동 패턴에서 겹치는 부분이 많다는 특징이 있었다.

학자나 연구자 부부들 중에 이런 커플이 적지 않다. 같은 연구자의 길을 걸으면서 생활 패턴과 관심사도 같고, 취미는 바이올린으로 휴일에 연주를 함께 즐기는 커플도 있다. 부부는 아이를 낳는 것에는 관심이 없어서 자녀 출산 등으로 부딪칠 일도 없다.

또는 파트너가 상대방의 재능이나 능력을 높이 평가하여 기꺼이 보호자 역할을 받아들인 경우다. 파트너는 자신에 관해서는 별다른 야심이 없지만, 상대방에 대해서는 특별한 능력을 가진 존재로서 존경하면서 그런 능력을 지원하는 것에서 삶의 의미를 찾는다. 예를 들어, 높은 학력이나 능력을 가진 아스퍼거 타입의 상대에게 학력이나 능력에 대한 콤플렉스를 가지고 있으면서 존경과 감탄을 담아 돌보는 역할을 하는 경우다. 특수한 능력을 가진 존재를 통해서, 자신의 능력으로는 얻을 수 없는 것을 간접적으로 손에 넣으려 하는 것인지도 모른다.

물론 그것이 쉬운 일은 아니어서 도중에 싫증이 날 수도 있지만, 학자나 예술가의 아내로 살아가는 사람에게는 종종 나타나는 삶의 방식이다. 취미가 같은 동지와 보호자라는 양쪽 패턴이 적당히 섞여 있는 경우도 있다. 그것은 어떤 의미로 가장 운이 좋은 경우일 수도 있다.

하지만 지금 세상은 자기애의 시대다. 보호자 역할로 만족할 수 있는 사람은 점점 적어지고, 조력자 역할을 하는 것보다 자신이 주인공이 되어 빛나고 싶다고 생각한다. 아스퍼거 타입의 상대를 보기 좋게 내보이고 뒤에서 지지하는 것에 삶의 보람을 느낄 사람은 옛날에 비해 많지 않을 것이다. 그런 점들이 카산드라증후군으로 고통받는 사람들이 점차 늘어나고 있는 이유라고 볼 수 있을 것이다.

숨은 카산드라증후군도 많다

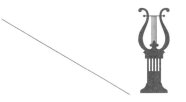

카산드라증후군을 겪으면서 상담이나 치료를 받으러 오는 경우는 두 종류가 있다. 하나는 파트너와의 관계가 가장 큰 스트레스의 원인이라는 것을 자각하고 남편과의 관계를 어떻게든 해결하고 싶다고 호소하는 사례다. 또 다른 하나는 불안이나 우울, 신체적인 부조화를 어떻게든 해결하고 싶어서 왔는데, 이 증상의 배경을 살펴보는 중에 파트너와의 관계가 스트레스의 원인임을 알게 되는 경우이다. 전자는 스스로 자각한 카산드라증후군이라고 할 수 있지만, 후자는 문제의 소재를 자각하지 못한 '숨은 카산드라증후군'이라고 볼 수 있다.

기혼 여성의 우울이나 불안, 신체적 증상 호소의 배경에는 높은 비율로 '숨은 카산드라'가 잠복해 있다. 이러한 경우, 우울증이나 불안 등의 증

> 기혼 여성의 우울이나 불안, 신체적 증상 호소의 배경에는 높은 비율로 '숨은 카산드라'가 잠복해 있다

상에 대한 약을 처방하는 것만으로 치료하는 것은 한계가 있다. 근본적인 원인을 제거하거나 개선하지 않는 한, 증상은 좋아졌다 나빠지는 것을 반복하면서 몇 년 때로는 수십 년 동안 이어진다.

Y의 사례

50대 여성인 Y는 '뭐든지 지나치게 걱정을 하는' 경향이 있었는데, 최근에 그것이 한층 더 심해져 병원을 찾았다. 끊임없이 걱정거리를 찾아내고, 그로 인해 불안해져서 기분이 좀처럼 나아지지 않았다. 이번에 취직한 아들의 회사가 도산하지는 않을까 또는 아들이 만나기 시작한 여자친구를 임신시키면 어떻게 하지 같은, 일어나지도 않았고 어떤 신호도 없는 이 같은 걱정으로 잠도 제대로 못 잔다. 이런 상태가 언제까지 이어질까 생각하면 더욱 괴로워진다고 했다.

여기까지 들으면 걱정이 많은 여성이 아들의 취업 문제를 계기로 걱정이 심해져서 우울증이 생겼다고 생각하기 쉽다. 하지만 조금 더 이야기를 들어 보니, Y에게는 예전부터 더 심각한 고민이 있음을 알 수 있었다.

그것은 남편과 의사소통이 잘 되지 않아서 아들 문제를 의논하려고 해도 잘 되지 않았다는 것이었다. 말을 해도 대꾸를 하지 않고 화를 내거나 아내를 비난해서 아무 말도 할 수 없었다. 부부는 무슨 일이 있을 때마다 부딪치면서 큰 싸움으로 이어지는 경우도 종종 있었다. 남편은 세세한 것까지 신경을 쓰는 성격으로, 자신이 정한 방식만을 고집했다. 보고 있는 것만으로도 짜증이 났다. 이렇게 하는 게 더 나을 것 같다고 조언을 하려고 해도, "시끄러워!"라며 들으려고도 하지 않고 금방 소리를 지른다.

남편과의 말다툼이 더 심해진 것은 1년 반 정도 전에 남편이 퇴직해서 집에 있게 되면서부터였다. Y의 남편은 오랫동안 경리 일을 해 온 사람으로, 회사에서는 능력을 인정받았다. 하지만 젊을 때부터 융통성이 없고, 생각대로 되지 않으면 바로 화를 냈기 때문에 차분히 마주 앉아 대화를 하기 어려웠다. 그래도 회사에 다닐 때는 그나마 나았다. 집에 있으면서부터는 설거지나 청소 방법, 사소한 것까지 참견했다. 그렇지만 평소는 물론 아내가 바쁠 때도 신경을 써 주거나 도와주지 않았다.

반년 전부터 남편이 주민자치회의 일을 맡게 되자 Y는 잘됐다고 생각했는데 예상이 빗나갔다. 남편의 일처리하는 방법이 비상식적이어서 하는 것마다 조마조마했다. 이렇게 하면서 지금까지 회사를 어떻게 다녔나 하는 생각이 들 정도였다.

Y는 남편이 일하는 방식 때문에 민원이 생길 것을 걱정하면서 열심히 조언을 했지만, 남편은 전혀 들으려고 하지 않았다. 부부는 일이 있을 때마다 부딪치게 되었다. 이런 상황에 아들의 취업 문제까지 더해져 Y는 완전히 한계에 다다른 것이었다.

남편을 직접 만나지 않았기 때문에 정확한 진단은 할 수 없었지만, 정해진 행동 패턴으로만 모든 일을 하려고 하고, 예상 밖의 상황에 화를 내거나 혼란스러워하며, 결벽이 심하고 신경질적인 것, 공감 능력이 부족하고 상호적인 의사소통이 어려운 것 등에 비추어 자폐스펙트럼장애 경향을 추측할 수 있었다. 친밀한 사람들과의 관계보다는 일이나 자신의 흥미를 우선시하며, 정서적 관계를 누구와도 가지고 싶어 하지 않기 때문에 회피형의 경향도 짐작해 볼 수 있었다.

한편, 아내 Y는 걱정이 많고 남을 보살피기 좋아하며, 자신이 걱정을 하더라도 소용이 없다는 걸 알면서도 아직 생기지도 않은 일까지 예측해서 걱정을 하거나, 최악의 경우까지 생각하고 고민을 하기도 했다. 돕거나 걱정을 하지 않고는 견딜 수 없는 이러한 행동을 '강박적 돌봄'이라고도 부른다. 이런 강박적 돌봄은 어린 시절 정서적으로 불안정한 부모의 기분을 살피면서 부모를 위로하거나, 비위를 맞추면서 자란 사람에게 자주 나타난다.

실제로 이야기를 들어 보면 Y의 아버지는 까다로운 장인 기질의 사람으로, 마음에 안 들면 이성을 잃을 정도로 분노하고 때로는 폭력까지 휘둘러서 어머니와 Y는 폭력에 자주 노출되었다. 어머니 역시 잔소리와 불만이 많아서, 부모님 기분이 상하지 않도록 항상 긴장하면서 집안일을 하거나 형제를 돌봤다고 한다.

상대의 기분을 살피며 비위를 맞추거나 희생하는 한편, 자신의 마음이 전해지지 않으면 분노가 차올라서 상대를 비난하는 패턴은 불안형 애착 유형의 전형적인 모습이다. 불안형 애착의 사람은 인정 욕구가 강하고, 자신이 상대에게 인정받고 있다는 확인이 없으면 불안해서 견디지 못하고 심란해한다. 열심히 누군가를 돕는 것은 상대에게 인정받으며 그들이 기뻐하기를 바라는 마음에서 하는 일이다.

그런 의미에서 불안형과 회피형 커플은 불안형인 사람의 인정 욕구가 전혀 채워지지 않는 문제를 안고 있다. 불안형인 사람은, 특히 공감적 반응을 많이 필요로 한다. 그에 비해 회피형인 사람은 그런 것에 크게 의미를 두지 않는다. 충분한 수분을 필요로 하는 습지 식물과 건조한 토지에 알맞은 선인장 같은 식물의 다름을 떠올리면 그 차이를 잘 이해할 수 있을 것이다.

공감을 그다지 필요로 하지 않는 회피형인 사람은 애초에 관심이 없어서, 공감적인 관계가 꼭 필요한 사람도 있다는 것조차 이해하지 못한다. 상대가 왜 화를 내는지, 왜 그런 눈빛으로 소리를 지르는지에 대해 이해할 수 없기 때문에 상대의 행동을 '히스테리'라고만 생각한다.

Y의 문제는 남편에게서 공감받지 못한 것으로 인해 카산드라증후군이 생긴 것으로 이해할 수 있다. Y의 문제를 우울증이나 갱년기장애로 진단해 처방한다면 증상은 일시적으로 누그러뜨릴 수 있을지 몰라도 근본적인 개선은 이루어지지 않는다. 파트너와의 공감이 부족해 애착 기능이 제대로 작동하지 않는 카산드라증후군으로 이해한다면 개선의 길을 찾을 수 있을 것이다.

남편이 카산드라증후군인
사례도 있다

특히 어린 자녀일수록 부모의 영향력은 막대하다. 그래서 자녀 문제의 원인 대부분은 부모에게 있는 경우가 많다. 하지만 부부의 관계는 시대가 변하면서 다양한 역할을 만든다.과거의 경우에는 사회생활을 하며 경제력 우위에 있는 남편 쪽이 지배적인 역할을 하는 경우가 있었지만 최근에 들어서는 경제력에 상관없이 평등해지고 있다. 이런 변화에 따라 아내 쪽에서만 나타나던 카산드라증후군이 남편 쪽에서 나타나는 사례가 심심치 않게 발견되고 있다.

아내가 괴물이 되는 경우

때로는 카산드라와 아폴론의 역할이 바뀌는 경우도 있다. 그것은 어떤 상황일까. 예를 들면, 다음과 같은 사례이다.

M은 우울 증상이나 건강이 나쁠 때에도 참고 견디며 가정을 돌봐왔다. M의 스트레스는 분명히 남편과의 관계에 있었다. 남편은 독재자에 난폭한 부분도 있어서, 그의 뜻을 거스르면 무슨 일을 당할지

알 수 없기 때문에 불만이 있어도 남편의 의견에 따를 수밖에 없었다. 어느새 그렇게 받은 스트레스가 몸과 마음을 좀먹어 갔다. 이 시점까지는 M은 분명히 카산드라였다.

그런데 참는 데 한계를 느낀 M은 분노로 발작을 일으키더니 다른 사람이 된 것처럼 남편을 몰아세우고 울며 소리를 질렀다. 그것을 힘으로 누르려고 하면 칼을 꺼내 들고 자신을 죽이라고 했다. 경찰이 출동했다. 힘으로 아내를 지배해 온 남편도, 마치 자폭 테러라고도 할 수 있는 목숨을 건 아내의 전술에는 어찌할 바를 몰랐다. 호통을 치거나 폭력을 휘두르면 베란다에서 뛰어내리거나 칼로 찌를 것 같은 아내의 모습에 남편 역시 두려운 마음이 들어서 맞서지 못했다.

입장은 완전히 역전됐다. 아내에게 휘둘려서 남편은 요즘 잠들지 못하고, 혈압도 높아져서 건강이 좋지 않다고 불평한다. 그래도 거스르면 또다시 큰일이 나기 때문에 아내가 마음대로 하는 것에 남편은 쓴웃음을 지으며 조용히 따른다. 아내는 그런 남편을 무시하고 집안일은 전혀 하지 않으며, 남편에게 이런저런 시중을 들게 했다.

예전에 많았던 히스테리나 히스테리성 정신질환은 '가정 내 혁명'이라는 다른 의미도 있다. 지속적으로 학대를 당하고 가족을 위해 희생해 온 여성이 한계를 느껴, 신체를 움직일 수 없게 되거나 귀신 들린 말이나 행동이나 증상을 보일 때 지배자와 피지배자의 관계가 역전된다.

집안 살림을 할 수 있는 상황이 아니기 때문에, 남편이나 가족은 반대로 아내를 돌보지 않으면 안 된다. 이 상태가 지속될지도 모른다는

문제의 근본 원인은 파트너와의 관계에 있으며, 그것이 변하지 않는 한 고통은 끝나지 않는다

불안감과 과거로 돌아갈 수 없다는 암담함이 머릿속에 공존하게 된다.

그리고 지금까지 무리한 생활을 했는데도 다정하게 위로해 준 적이 없다는 후회를 하게 만든다. 진심으로 마음속 깊이 후회하고 위로하는 마음으로 다정하게 대하는 경우에는 대부분 단기간에 회복할 힘을 갖추게 되지만, 그냥 지나치고 무시하면 회복이 어려운 상황에 빠질 수 있다.

카산드라증후군도 본질적으로는 같은 현상이 일어나는 것이지만, 히스테리성 정신질환만큼 격렬한 증상은 아니기 때문에 알아채기 어렵다. 가족 또한 진심을 다해 변화하려고 하지 않는다. 하지만 어떤 일이 일어나고 있는지를 이해하면, 본인의 치료나 노력만으로는 어쩔 수 없는 문제라는 것을 알 수 있다. 문제의 근본 원인은 파트너와의 관계에 있으며, 그것이 변하지 않는 한 고통은 끝나지 않는다.

카산드라증후군
나와 가까운 사람이 아스퍼거증후군이라면?

원인은 아스퍼거증후군만이
아니다

아스퍼거만이
원인은 아니다

배우자의 아스퍼거증후군이 카산드라증후군을 발생시키는 주요한 원인으로 알려져 있지만, 최근 「성인의 발달장애」라는 새로운 연구가 발표되었다. 이것은 의미 있는 연구라고 알려져 있는데, 그렇게 단순화해도 좋을지에 대한 의문을 가진다.

전문가들 사이에서는 아스퍼거증후군이라는 용어를 대신해 자폐스펙트럼장애(ASD)라는 말이 많이 사용되고 있다. 자폐스펙트럼장애는 어릴 때부터의 발달, 특히 사회성이나 의사소통 발달에 문제가 나타나는 경우를 말하며, 유전 등 선천적인 요인이 영향을 미치고 있다고 보고 있다.

그런데 최근의 연구에서 자폐스펙트럼장애와 구분이 되지 않는 상태가 양육 환경 문제에 의해서도 발생할 수 있다는 사실이 밝혀졌다. 그리고 초등학생 때까지는 사교적이고 활발했던 아동이 청년기 이후 고독을 즐기는 성격으로 바뀌는 경우도 있다.

아스퍼거증후군이나 자폐스펙트럼장애처럼 보인다고 해서 모두 발달장애라고 말할 수는 없다. 아동의 경우에도 발달장애인지 애착장애인지 경계가 명확하지 않은 사례가 있는데, 성인의 경우에는 더욱더 여러 가지 원인이 혼재되어 구분하기 쉽지 않다. 발달장애가 의심되는 경

> 아스퍼거증후군이나 자폐스펙트럼 장애처럼 보인다고 해서 모두 발달 장애라고 말할 수는 없다

71

우라도 단순하게 발달장애라고 정의할 수 없는 사례가 많다.

예를 들면, 성인 주의력결핍 과잉행동장애(Attention Deficit/Hyperactivity Disorder: ADHD)는 38년간의 연구 결과에 따르면 90퍼센트 이상이 발달장애가 아니었다.

일반적으로 공감 반응이 낮은 상태에 대해 성인 아스퍼거증후군이라는 '진단'이 남용되기 쉬운데, 실제로 발달장애라고 진단할 수 있는 경우는 극히 일부에 지나지 않는다. 물론 문제가 없다는 의미는 아니다. 성인 ADHD 중 많은 경우가 기분장애나 불안장애, 약물이나 인터넷 게임, 도박 등의 의존·성격 장애나 애착장애를 겪고 있는 것처럼, '성인 아스퍼거증후군'으로 의심되는 경우에도 실제로 공감 반응 등의 문제가 발생한다. 따라서 원인으로는 발달 특성 이외에도 성장 환경 문제로 인한 애착장애나 성격장애가 추정될 수 있다.

거기에 인터넷이나 게임, 알코올 의존의 문제, 우울증 등의 기분장애와 함께 직장 등 생활에 대한 스트레스가 통합적으로 작용한 결과로 공감 반응 저하의 문제가 생기는 경우도 있다. 문제는 복합적이며, 몇 단계의 과정을 거쳐 현재의 상태에 이르게 되는 것이 일반적이다.

"배려하거나 마음을 써 주지 않는 것은 아스퍼거 때문이다."라고 단정하기는 쉽지만, 안타깝게도 아스퍼거 탓으로 돌린다고 해서 문제를 해결하거나 이해할 수 있는 것은 아니다

아스퍼거증후군이라는 유전적 특

성만이 아니라, 양육 등의 성장 환경 요인, 직장 또는 가정에서의 스트레스 요인 등을 통합적으로 살펴보는 것이 중요하다.

원인이 될 수 있는
다양한 상황

아스퍼거증후군 같은 발달장애 자체가 문제라기보다는 상대방에 대한 공감이 불가능하여 배려 있는 소통을 하지 못한다는 것이 문제의 본질이다.

아스퍼거증후군이라고 판단해도 증상이 경미한 수준이어서, 오히려 성장 환경이 관여된 애착이나 성격의 문제로 받아들이는 편이 적절한 경우가 있다. 도박, 인터넷 게임 등의 의존 문제로 파트너와의 관계를 망치는 경우도 있다.

아스퍼거증후군 이외에도 공감 능력의 저하를 초래하여 파트너를 카산드라로 만들어 버리기 쉬운 몇 가지의 상황이 있다. 이에 대해 알아 두는 것이 카산드라증후군을 이해하는 데 도움이 될 것이다.

회피형 애착 유형

먼저, 자폐스펙트럼장애와 구분하기 어려운 경우가 많은 회피형 애착 유형에 대해 알아보자. 앞에서도 간단하게 설명했는데, 친밀한 대인 관계나 정서적인 관계를 피하는 경향이 있는 애착 유형이다. 애착 유형은 1세 반 정도에 이미 70% 정도가 결정되어, 18세 정도에는 사람마다 고유의 애착 형태로 정착하여 애착 유형이라고 부른다.

최근 회피형 인구가 늘고 있는데, 1세 반의 단계에서는 10% 정도가 해당되지만 대학생을 대상으로 한 조사에서는 40%가 해당된다는 자료도 있다. 이것은 몸을 움직이면서 놀지 않거나, 직접 만나는 대면 의사소통을 하지 않는 최근의 생활 방식에서 원인을 찾을 수 있다.

보통 자폐스펙트럼장애의 유병률은 1% 정도이며, 가벼운 증상을 동반한 경우를 포함하더라도 10% 정도다. 그에 비해서 젊은이들의 경우 회피형 비율이 40%나 된다는 것은, 흔히 '성인 아스퍼거증후군'이라고 불리는 사람들 중에 아스퍼거증후군이나 자폐스펙트럼장애보다도 회피형의 사례가 더 섞여 있다고 추측할 수 있다.

회피형인 사람은 정서적으로 공감적인 교류를 피하고, 자기 혼자서 할 수 있는 활동을 선호하는 경향이 있다. 그런 면에서는 자폐스펙트럼장애와 유사한 점이 많아서 구별하기 어렵다. 다만, 자폐스펙트럼장애로 볼 수 있는 의사소통이나 사회적 기술 장애, 반복하거나 작은 것에 집착하는 성향, 감각 과민(피부 또는 특수 감각의 감수성이 비정상적으로 증가된 상태)의 증상은 경미하여 직장에서 별다른 문제없이 업무를 완수하며, 동료와의 관계도 원만한 것이 특징이다.

물론 각별하게 친해지는 관계는 피하기 때문에 업무 이외의 교제는 하려고 하지 않는다. 따라서 동료와의 관계도 표면적이며, 경우에 따라 고립되기도 한다.

하지만 아스퍼거증후군이라고 진단될 정도의 사람은 직장에서의 의사소통이나 업무 처리에도 큰 곤란을 겪는 일이 많고, 두드러지는 생활의 어려움을 동반한다. 그런 상태와 비교하면, 파트너가 카산드라증후군의 증상을 보이는 사례들을 살펴보면 대부분 가정생활 이외의 면에서는 그럭저럭 잘 해내는 경우가 많기 때문에 처음부터 아스퍼거증후군이라고 진단할 수준은 아니다. 오히려 회피형 애착 유형이나 앞으로 다룰 성격장애 문제로 이해하는 편이 더 적절한 사례가 많다.

회피형 애착 유형은 공감을 나눌 수 없는 환경에서 자란 것이 주된 원인이라고 생각된다. 실제로 생후 6개월의 시점에서 공감 반응을 늘리도록 지도한 그룹과 통상적인 대응만을 한 그룹을 비교해 보면, 공감적인 반응을 늘림으로써 유아가 회피형이 되는 것을 크게 줄일 수 있었다. 고독을 즐기는 기질은 유전적 특성이 크다고 알려져 있지만, 의외로 어릴 때 관계하는 방식의 결과일지도 모른다.

부모도 바쁘고, 가족이 얼굴을 맞대고 같이 무언가를 할 시간도 줄었다. 어릴 때부터 어린이집이나 위탁 생활을 오랜 시간 한 경우에는 회피형이 될 가능성이 높다는 연구 결과도 있다. 최근에는 놀이나 의사소통의 형태도 달라져서 부모 자녀들이 스킨십이나 얼굴을 마주하는 기회가 줄었다. 어린아이들이 그런 환경에 적응하여 성장하면 다른 사람과 관계를 맺는 것보다 혼자 있는 편이 편하다고 느끼면서, 친밀한 관계를 피하게 된다. 그것은 어떤 의미로는 자극이 적은 현대의 양육 환경에 적응한 결과라고 할 수 있다.

늘어나는 불안형 사람들과의 차이

공감적 반응을 별로 요구하지 않는 대신에 자신 역시 상대에게 공감 반응을 하지 않는 것이 회피형의 핵심이다

공감적 반응을 별로 요구하지 않는 대신에 자신 역시 상대에게 공감 반응을 하지 않는 것이 회피형의 핵심이다. 그런데 그것과 정반대의 애착 유형이 불안형이다. 불안형은 회피형과는 달리 지나칠 정도로 공감적 반응을 요구한다. 인정받고 싶은 마음이 강해서, 파트너에게도 끊임없이 공감 반응을 요구한다. 그것을 얻지 못하면 사랑받고 있다고 느끼지 못하면서, 자신의 존재 가치도 찾을 수 없게 된다.

이런 점을 보면 카산드라증후군이 되는 여성들에게 불안형이 많은 것은 당연한 결과이다. 다른 사람보다 훨씬 많은 공감적 반응이 필요

한데, 그것이 미흡하다고 느낄 때 괴로움과 악영향이 심해진다.

공포/회피형 애착 유형

친밀한 관계를 피하려는 공통점이 있지만, 회피형보다 상처받기 쉽고 복잡한 특징을 보이는 것이 공포/회피형이라고 불리는 애착 유형이다.

공포/회피형은 친밀한 관계를 피하는 회피형의 특성뿐만 아니라 자신을 인정해 주기를 바라는 불안형의 특성도 가지고 있기 때문에, 그 이면에는 관계와 애정의 욕구도 크다. 단지 거부당하거나 상처받는 것이 두려워서 자신을 드러내지 않으려고 노력한다. 누군가와 마음을 터놓고 사귀는 것을 별로 원하지 않는 회피형은 안정적인 편으로, 무리하게 친해지려 하지 않는 한 고민할 것도 별로 없다. 실제로 회피형의 내담자와 면담을 해 보면, 자신은 별 문제없는데 주변에서 권해 어쩔 수 없이 왔다고 말하는 경우가 많다. 그래서 아내가 카산드라증후군이 되거나, 이혼 직전 혹은 이대로는 살 수 없다고 뒤늦게 위기감을 느끼는 사례도 적지 않다.

그에 비해서 공포/회피형 애착 유형을 가진 사람은 자기 자신이 가장 고통스럽다. 사실은 누군가와 편하게 마음을 터놓고 관계를 가지면서 애정을 키워 나가고 싶은데, 두려워하는 마음 때문에 그것을 할 수 없는 딜레마를 겪는다. 두려워하는 마음에는 거절당하거나 미움받지 않을까 하는 걱정도 있지만, 그 밑바탕에는 스스로를 부끄러워

> 공포/회피형 애착 유형을 가진 사람은 자기 자신이 고통스럽다

하거나 불쌍하게 생각하는 마음, 어차피 무시당하거나 버림받을 가치 없는 존재라고 생각하는 자기부정이 도사리고 있다.

왜 그런 자기부정이 자리 잡게 된 것일까? 부모가 반복해서 보여준 거부와 심리적·신체적 학대에서 자기부정의 원인을 찾을 수 있다. 다만, 사례에 따라서는 성장 배경의 문제보다 집단 따돌림이나 괴롭힘, 신체적·성적 폭력이 원인인 경우도 있다.

공포/회피형인 경우, 공감적 반응이 부족한 것 같은 단순한 형태로 나타나지 않고 공감 반응이 변형된 형태로 드러난다. 상대방은 인식하기조차 어려운 사소한 형태로라도 자신이 거부당했다고 느끼면, 갑자기 공감 반응이 사라질 뿐만 아니라 정반대의 거부나 공격적인 태도를 보인다. 상대방은 어떤 일이 생겼는지도 모른 채 기분이 나쁘다고 표현하거나 또는 이에 대한 반응으로 적대적인 대응을 하면서 험악한 상황으로 이어지는 경우도 종종 있다.

본인의 입장에서는 자신이 상처받았다고 생각하기 때문에, 속마음은 상대가 잘못을 깨닫고 사과하기를 바란다. 그런데 파트너가 사과는커녕 예상하지 못한 거부나 반격을 하면, 역시 자신에 관해서는 아무것도 모르며 지금까지 자신에게 상처를 준 많은 사람처럼 자신을 거부한다고 받아들인다.

공포/회피형의 경우는 겉으로 드러나는 반응과 속마음이 다른 양가적인 경향이 강하다. 역설적 반응이라고 불리는 청개구리 행동도 더해지기 때문에 파트너로서는 상대의 속마음을 이해하기가 더욱 어려워서 당황하기 쉽다. 기분이 나쁠 때 기분이 나쁜 것으로, 공격적일 때 공격적인 것으로 대응하면 불에 기름을 붓는 결과를 초래한다.

　공포/회피형인 사람은 마음에 상처를 갖고 있는 경우가 많아서 그만큼 상대의 반응에 민감하다. 상대가 하는 것만큼 되돌려주는 상식적인 대응으로는 관계를 잘 이어 가기 어렵다. 더 높은 수준의 공감 반응으로 마음을 헤아리는 대응을 할 필요가 있다.

잘 지내던 시기도 있었는데, 왜 이런 일이 생겼을까?

　공포/회피형인 사람과 파트너로 지내는 경우라도 처음부터 관계가 나빴던 것은 아니다. 만약 그랬다면 애초에 결혼까지 이어지지도 않았을 것이다. 처음에는 좋은 관계로, 적어도 그럭저럭 잘 지낸 경우가 대부분이다. 때때로 삐걱거려도 다시 화해하고 안정적인 관계를 유지했을 것이다.

　그런데 왜 관계가 점점 불안정해지고 헤어질 수밖에 없는 상황까지 몰리게 된 것일까? 그것은 파트너의 에너지 고갈에서 이유를 찾을 수 있다. 공포/회피형인 사람을 위해 썼던 시간이나 에너지를 예전만큼 사용할 수 없게 된 경우가 많다.

　아이가 생기거나, 자녀에게 장애가 있다는 걸 알게 되거나, 연로한 부모를 돌봐야 하거나, 업무의 부담이 늘어나거나, 질병에 걸리는 등 여러 가지 상황을 생각할 수 있다. 공포/회피형인 사람은 예민하여 상처받기 쉬워서 지속적으로 세심하게 대해 줘야 하는데, 파트너가 지금처럼 마음을 쓸 여유가 없어졌기 때문이다. 과거에는 마음을 써 주고 보살펴 줬지만, 상황이 변하면서 그에 대한 배려가 우선순위에서 밀리자 관계에 문제가 생긴 것이다.

그렇다면 어떻게 하면 좋을까. 어설프게 대응하면 상태는 더 나빠진다. 관계 개선을 하겠다는 생각으로 상대방과 제대로 마주할 시간을 확보해야 한다. 1주일 중에 정해진 시간은 파트너하고만 보내는 등의 배려를 보이면 안정을 되찾을 수 있다.

반대로, 지금까지의 생활 리듬을 유지하는 데 도움이 되었던 직장에서 퇴직을 하여 집에서 보내는 시간이 많아지면서 파트너에게 더욱 의존적이 되어 관계가 악화되는 경우도 있다. 공포/회피형인 사람은 적당한 거리를 두는 편이 안정을 유지하기 쉽다. 의존하면 지배적인 면이 점점 강해지는 경향이 있다. 이럴 때는 배우자 중 어느 한쪽이 일을 하는 등으로 물리적 거리를 두면서 균형을 찾는 것이 좋다.

할로우 부부에게 생긴 일

애착 연구에도 크게 기여한 심리학자 해리 할로우(H. F. Harlow)와 아내 클라라 미어스(C. Mears)는 모든 사람이 부러워하는 이상적인 커플이었다.

클라라는 해리가 대학 교수로 새로 부임한 위스콘신 대학 심리학부의 매력이 넘치는 대학원생이었다. 소극적이고 긴장을 잘 하며 발음도 명료하지 않았던 해리는 처음에는 학생들에게 놀림을 받았지만, 클라라는 그런 해리를 뒤에서 응원하면서 놀리는 학생들에게 대처하는 방법도 알려 주었다. 클라라는 배려심이 깊으면서도 활달한 여성으로, 사람들과의 대화도 잘 이끌어 가며 쾌활했다. 침울하고 사람을 사귀는 것보다 고독을 즐기는 면이 있는 해리와는 정반대의 성격이었다.

게다가 클라라는 명석하여 5세 때 이해하기 어려운 윌리엄 블레이크(W. Blake)의 시를 읽었고, 언니들의 대수 문제를 그들보다 더 잘 풀었다. 15세에 고등학교를 조기졸업하고 대학에 진학했는데, 나이가 많은 동급생 사이에서도 성적이 뛰어났다. 해리와 클라라가 만났을 때 클라라는 불과 21세밖에 되지 않았지만, 능력을 인정받아 연구 조수로 일하고 있었다. 한마디로, 지기 싫어하는 뛰어난 재원이었다.

사교적이며 성격이 밝고 대화를 리드하는 클라라와 있으면 내성적이며 말수가 적은 해리도 마음이 편했다. 클라라가 그렇게 만든 것이다. 이유는 잘 모르겠지만 클라라는 명성과는 거리가 먼, 눈에 띄지 않는 신임 교수에게 끌렸다.

클라라가 남긴 당시의 기록을 보면 "해리와 함께라면 그 자체에서 행복감을 느낀다."라고 적혀 있다.

해리의 특징을 보고 아스퍼거증후군이라고 추측하는 사람도 있을 수 있지만, 해리를 대하는 클라라의 반응을 미루어 보면 그런 가능성은 낮다. 그렇다면 해리의 소극적인 모습과 마음을 터놓지 못하는 태도는 어디에서 온 것일까. 해리의 성장 배경을 이해하면 그 수수께끼가 풀린다.

해리는 바로 위의 형이 중병을 앓았기 때문에 어머니의 애정을 전부 형에게 빼앗기고 방치되면서 자랐다. 자신이 회상하는 것처럼, 그는 어른이 되어서도 어린 시절에 경험한 방임의 상처를 벗어나지 못했다. 해리는 아스퍼거증후군보다는 회피형 애착 유형이었을 가능성이 높다고 판단된다. 이처럼 아스퍼거처럼 보이는 사례의 다수는 양육적 요인에 의해서 생기는 것이다.

둘은 2년 후 결혼했다. 그런데 결혼은 처음부터 클라라에게 많은 희생을 강요했다. 당시 대학의 분위기는 부부가 같은 직장에서 일하는 것을 인정하지 않아서 클라라는 결국 연구자로서의 경력을 포기할 수밖에 없었다. 클라라는 대학원을 중퇴하고 백화점의 의류 판매 직원으로 일했다. 그녀는 얼마 지나지 않아서 자신의 업무에서도 두각을 드러냈다. 그러나 그것 역시 아이가 생기기 전까지였다.

한편, 클라라가 자신의 커리어까지 포기하고 기대한 남편은 고분분투하고 있었다. 쥐나 개구리를 대상으로 한 실험에서 연구업적을 높일 만한 결과를 얻지 못했다. 이때 영장류로 연구를 해야 한다고 조언한 사람은 아내인 클라라였다. 물론 말은 쉽고 실제로 실행하는 것은 어렵다 해도, 클라라의 한마디가 그 후 해리 할로우의 업적을 꽃피게 했다는 점은 인정받아야 한다.

할로우는 새끼 붉은털원숭이를 대상으로 '철사로 만든 어머니' 인형과 '부드러운 헝겊 어머니' 인형 중에 어느 쪽과 더 많은 시간을 보낼 것인가 하는 유명한 실험을 시도하였다. 이 실험에서 그는 애착 개념과 그것이 하는 역할을 밝히는 몇 가지 중요한 연구를 진행했다. 할로우는 실험실에서 애정이 자라나고 유지되는 과정을 밝혔지만, 안타깝게도 가정에서는 애착이 붕괴될 조짐이 있었다.

해리의 연구가 많은 이의 관심을 받을 때, 두 번째 아이가 태어났다.

해리는 집에 돌아와 집안일과 육아를 도와주는 것보다 연구를 우선시했고 더 많은 시간을 실험실에서 보냈다. 해리 입장에서는 학자로서 승부를 걸었고, 연구에 몰두하는 것을 당연하다고 생각했다. 하지만 클라라는 남편이 연구를 핑계로 집안일이나 육아 같은 허드렛일에서 벗어나 자기가 하고 싶은 일만 하는 것으로밖에 보이지 않았다.

둘 사이에는 틈이 생기고 대화가 줄어들었다. 주말에도 실험실로 출근하는 남편에게 큰아이만이라도 돌봐 달라고 부탁하면 마지못해 자녀를 연구실에 데리고 갔지만, 아이는 제대로 된 말 한마디도 아버지에게서 듣지 못한 채 실험실에 방치되었다. 해리의 머릿속에는 자신의 연구밖에 없었던 것이다.

그러다 마침내 부부 사이에 균열이 가는 결정적인 순간이 찾아왔다. 말다툼 중에 해리는 다음과 같은 말을 내뱉었다.

"이제 나는 당신을 사랑하는지 안 하는지 모르겠어. 당신이 나를 사랑하는지 안 하는지도 모르겠고. 애초에 당신은 나를 사랑한 적이 있었어?"

"이제 당신을 사랑하는지 안 하는지 모르겠어. 당신이 나를 사랑하는지 안 하는지도 모르겠고. 애초에 당신은 나를 사랑한 적이 있었어?"

14년간의 결혼 생활을 전부 부정하는 말을 듣고 클라라도 남편에게 아무런 미련이 없었다. 해리에게서 더 이상 어떤 가능성도 기대할 수 없었다.

이혼을 제안한 것은 클라라였다. 해리는 반대하지 않고 두 자녀의 친권과 재산의 반에 대한 권리를 클라라에게 넘겨주었다. 해리는 자신이 했던 말을 후회했지만, 클라라에게 용서를 구하지는 않았다.

둘 사이에는 누구도 예상하지 못한 불행이 이어졌다. 해리가 고집을 피우지 않고 자신의 잘못을 인정했다면 이혼이라는 상황, 그것 때문에 자신의 자녀에게 상처를 준 것, 자신 역시 깊은 상처에 허우적거리면서 알코올에 의존하는 것을 피할 수 있었을지 모른다.

아내가 느끼는 불공평함이 바탕에 깔려 있다

클라라는 남편의 비협조적인 태도나 공감 능력의 부족으로 인해서 카산드라증후군에 빠졌다고 말할 수 있다. 클라라는 자신만 일방적으로 직업적 역량을 희생해야 했던 것이 계속 마음에 남았다. 그래서 육아나 집안일을 전부 자신에게 미뤄 두고 연구에만 몰두하는 남편의 태도를 용서할 수 없었던 것이다.

과거에만 이런 스토리가 있는 것이 아니다. 지금도 커리어를 쌓아 가기 원하는 여성일수록 클라라와 같은 갈등에 직면한다. 일에 전념할 수 있도록 남편을 내조하면서도, 아내가 희생하는 것을 알아주지 않는 남편에게 복잡한 감정을 느낀다.

클라라같이 현명한 여성일지라도 가정을 등한시하는 남편에게는 욕을 퍼붓거나 소리를 지르거나 비난하는 방법밖에 할 수 있는 것이 없다. 그리고 공감적 반응을 하지 못하는 회피형 남편은 아내가 흥분하면 흥분할수록 집에서 멀어지고 외면한다. 만약에 클라라에게 회피형에 대한 지식이 있었다면 그 후 몇십 년의 인생을 떨어져 살지는 않았을 것이다.

성격장애도 원인이 된다

파트너를 카산드라증후군으로 만드는 대표적인 현상 중 한 가지가 성격장애이다. 공감 능력을 저하시키는데, 자기애성 성격장애, 강박성 성격장애, 회피성 성격장애, 편집성 성격장애, 조현성 성격장애, 조현형 성격장애를 들 수 있다. 이들은 대외적으로는 좋은 남편처럼 보여서 아내들의 괴로움을 이해하는 것이 어려울 때가 많다. 특히 조현성 성격장애는 자폐스펙트럼장애와 비슷한 부분이 많다. 그 외의 성격장애들도 집착이 심하거나 일방적인 의사소통을 하기 쉽다는 점에서 가벼운 정도의 자폐스펙트럼장애로 의심받기도 한다. 단지 그것만으로 설명되지 않는 문제를 가지고 있어서 양육 환경이나 경험적인 요인의 영향도 크다고 생각한다. 자기애성 성격장애는 회피형 애착 유형과, 회피성 성격장애와 편집성 성격장애는 공포/회피형 애착 유형과 겹치는 부분이 많다.

자기애성 성격장애

자기애성 성격장애는 비대한 자기애와 타인에 대한 공감 능력의 부족이 특징이다. 오만함과 타인을 깔보는 태도, 거대한 꿈이나 이상, 자기현시성, 자기중심적으로 상대를 이용하려는 하는 경향이나 냉혹함 등을 보인다. 매사 자신감에 넘쳐서 자칫 매력이 넘치는 듯 보여

기댈 수 있는 상대라고 느끼기 쉽기 때문에, 자신감이 없는 사람들은 쉽게 끌린다. 친하지 않으면 제멋대로 행동하는 면이나 배려심이 없다는 것을 알아채기 어렵다. 남녀 사이에서도 육체관계를 갖게 되면 심리적으로 지배당하게 되어 관계를 해소하기 어려워진다. 결국 결혼하게 되고, 가정폭력 등의 문제에 직면하는 사례가 적지 않다.

물질적으로 어려움이 없더라도

H는 재력가의 딸이다. 대학 시절 H에게는 좋아하는 사람이 있었지만 유부남이었다. 교제 사실을 알게 된 어머니는 변호사를 고용해서 상대 남성에게 인연을 끊도록 돈을 건네고 다시는 만나지 못하도록 했다. 이 일로 H는 정서가 불안정해져서 자살을 시도하기도 했지만, 겁에 질린 상대 남성은 아무것도 할 수가 없었다.

그때 대학 동기였던 현재의 남편이 열렬히 구애해 왔다. 별로 좋아하지는 않았지만 자포자기하는 마음으로 H는 교제를 시작했다. 그런 와중에 임신을 하게 되었고 결혼까지 했다. 이렇게 사랑해 준다면 결혼을 해도 자신을 나쁘게 대하지 않을 것 같았다.

그런데 그토록 헌신적이었던 남편은 결혼을 하자마자 전혀 다른 면을 드러내기 시작했다. 가난한 가정에서 자란 남편에게 있어서 H는 대기업을 경영하는 집안의 딸로 감히 넘볼 수 없던 여자였다. 따라서 남편에게 H는 승리의 훈장이었기 때문에, H라는 한 인간보다 재력가의 딸이라는 지위를 사랑했는지도 모르겠다.

H를 차지하자, 그녀에 대한 사랑은 식었지만 자신의 주변에 처가

자랑은 했다. 아이가 생기고 집안일만 하는 아내에게는 전혀 관심이 없었다. 귀가 시간은 점점 늦어지고 밤마다 어디를 그렇게 가는지 행선지도 알 수 없었다. 월급은 전부 남편의 용돈으로 사용했기 때문에 생활비는 친정에서 받았다. H 입장에서도 사랑해서 한 결혼이 아니기 때문에 남편이 뭘 하든 상관없다고 생각했지만, 갓난아이를 혼자 돌보면서 살림만 하는 자신이 부족해 보였고 외롭기만 했다. 이 때문인지 남편과 말다툼이 늘어 갔고, 싸울 때마다 과호흡이 일어났다.

이런 일이 생기면 남편은 잠시 동안 다정해진다. 하지만 그런 남편의 태도는 처가의 재력을 의식한 행동으로, 아내를 배려해서 그러는 것 같지는 않았다. 남편을 믿을 수 없었다. 남편도 시간이 지나면 다시 집에 늦게 들어왔다. 상황은 언제나 반복됐다.

H의 낭비벽은 남편이 젊은 술집 여성과 어울리는 시기에 시작되었다. 돋보이고 싶기도 하고 주변의 시샘이나 예쁘다는 말이 듣고 싶어 명품 의류나 가방을 마구 사들였지만, 그런 입에 발린 소리를 하는 사람들도 모두 돈 때문이라고 생각하니 조금도 위안이 되지 않았다.

H가 느끼는 공허감, 불안과 그것을 달래기 위한 의존 행동은 남편이 진심으로 공감해 주거나 애정을 주지 않아서 생기는 카산드라증후군의 징후라 볼 수 있다. 그러나 그녀가 안고 있는 본질적인 문제는 사랑받으며 성장하지 못한 어린 시절에 있었다. H는 사랑받으며 성장하지 못했다. 부모의 애정은 H에게 돈을 주는 형태로밖에 나타나지 않았고, H의 의사를 소중히 여기거나 스스로를 희생해서 부모

답게 돌봐 주거나 하는 면에서는 많이 부족했다.

게다가 H에게 진정한 사랑을 줄 것이라고 기대했던 남편 역시 H를 사랑하기보다 현실적인 만족이나 경제적인 이득을 중요하게 생각한다는 점에서 H의 부모와는 다를 게 없었다. 어린 시절부터 H 주변의 사람들도 그녀의 비위를 맞추기만 했다. 공감적인 지지를 받지 못한 H가 정서적 불안을 호소하거나 심신의 여러 문제를 일으킨 것은 필연적인 결과라고 할 수 있다.

강박성 성격장애

강박성 성격장애는 의무감이나 규칙에 과도하게 집착해 융통성이 없다는 점이 특징이다. 논리나 정의감이 강하고, 자신보다 공적 규칙이나 관습을 중요시한다. 자신의 이익을 우선으로 두는 자기애성 성격장애와는 정반대 성향이다. 지나치게 성실하며 노력파이다. 자신의 생각과 뜻은 끝까지 관철하며, 근면한 노력으로 성공을 손에 넣는 사람도 많다. 사회적으로 존경받을 만한 사람이라고 불린다.

그러나 사회의 모범생이 반드시 가정의 모범생인 것은 아니다. 이런 타입의 사람은 자기 안에 지켜야 할 기준이 많은데, 자신뿐만 아니라 주위 사람들에게도 강요한다. 도덕적인 의무나 근면한 노력을 중요시하는 가치관에 사로잡혀, 이와 다른 타입을 부정적으로 생각한다.

사회의 모범생이 반드시 가정의 모범생인 것은 아니다

상대방의 입장에서 이해하거나 공감하지 못한다. 그래서 상대방을 있는 그대로 받아들이지 못하고 자신의 기준이나 시각으로 바라보고 판단한다. 이런 사람이 가지고 있는 가치관은 대부분 학교, 사회조직, 국가 등이 도덕적으로 바르다고 장려한 내용들이다. 즉, 착한 아이나 우등생의 일반적인 행동 기준과 부합하기 때문에 그것의 부정적 측면이나 지나칠 때 생기는 문제는 알아채기 어렵다.

부모가 좋다고 판단하여 공부나 어떤 규칙을 지나치게 강요하면 결과적으로는 학대가 된다. 이런 문제는 파트너와의 관계에서 일어나서, 이런 타입의 사람들은 상대방의 입장에서 공감하며 상호적인 관계를 만들기보다 자신의 기준을 강요하고 만다.

회피성 성격장애

회피성 성격장애는 상처받는 것이 무서워서 친밀한 인간관계나 도전을 피하는 타입이다. 회피형 애착 유형과 혼동하는 경우가 많은데, 둘은 전혀 다르다. 회피형 애착 유형은 친밀한 관계를 피하는 생활 패턴을 선호하는데, 이런 삶의 방식은 적응하는 데 큰 어려움이 없다.

그런데 회피성 성격장애는 사실 타인과 잘 지내고 싶다는 바람이 있기 때문에 사람을 피하는 자신에게 딜레마를 느낀다. 회피형 애착 유형의 사람 중에는 얼핏 보기에 사교적인 사람도 있지만, 마음을 여는 관계보다는 표면적인 관계를 선호한다. 그리고 그들은 이것이 자신의 삶의 방식이라고 생각하고 있다.

그러나 회피성 성격장애인 사람은 관계 자체를 어려워하고, 참지 못하고 두려워하거나 자신이 없는 태도를 보인다. 그런 자신에게 문제가 있다고 생각하지만 자신감이 없어서 자신을 어떻게 드러내야 하는지 모른다. 공포/회피형 애착 유형과 특징이 겹쳐서 실제로 회피성 성격장애인 사람은 공포/회피형 애착 유형인 사람이 압도적으로 많다.

회피성 성격장애인 사람은 공포/회피형 애착 유형인 사람이 압도적으로 많다

조현성 성격장애와 조현형 성격장애

조현성 성격장애도 인간관계를 피한다는 점에서는 회피성 성격장애와 유사하지만, 조현성 성격장애는 사람과 관계를 가지는 것에 대한 관심이나 기쁨 자체가 부족하다. 기본적으로는 회피형 애착 유형이 깔려 있는 경우다.

조현성 성격장애 중 일부는 자폐스펙트럼장애 중에서도 자폐형이라고 불리는 타입이다. 조현성 성격장애와 같은 뿌리라고 할 수 있는 조현형 성격장애다. 평범한 일에는 소질이 없으나 재미있는 발상이나 창의력이 뛰어나고 직감이 우수하여 전문 분야나 창조적인 영역에서 독자적인 활약을 하는 사람들이다. 조현성 성격장애가 눈에 띄지 않고 고독한 생활을 좋아하는 것에 비해, 조현형 성격장애는 보다 적극적으로 정보를 전달한다. 그러나 공감적인 관계라기보다는 자신

의 독자적인 세계나 생각을 표현하는 일방적인 의사소통이다. 파트너의 입장에서 보면, 자신은 지지를 해 주는데 상대로부터 그만큼 지지를 받지 못한다는 점에서 불만이 생길 수 있다.

편집성 성격장애

사람에 대한 강한 불신감과 시기심, 의심이 많은 타입으로, 가까이에 있는 사람조차 믿지 못한다. 개인적인 사항을 누가 알게 될까 봐 강한 경계심을 보이거나, 속마음이나 과거가 알려지는 것에도 강한 저항을 느낀다. 하나의 생각에 사로잡히면 몇 년 동안 그것을 계속 생각하는 등 집착이 강한 것도 특징이다. 원한을 품으면 지옥 끝까지 따라갈 정도다. 첫인상은 정중하고 예의도 바르다. 사소한 것까지 신경을 써 주기 때문에 성실하고 신의가 두터운 느낌을 준다. 이처럼 친밀해지기 전까지는 집착하거나 시기하고 의심하는 그의 성향을 눈치챌 수 없다.

보통 개인적인 부분은 잘 말하지 않고, 그 같은 개인적인 질문을 받으면 왜 그런 질문을 하는지 저의를 의심한다. 상대방이 전화를 받지 않거나 문자 답변을 늦게 보내면 그 이유를 궁금해한다. 상대방의 핸드폰을 몰래 보거나 시시때때로 상대방의 상황을 감시하려고 한다면 편집성 성격장애를 의심해 볼 만하다.

편집성 성격장애인 사람은 친밀한 관계로 발전한 상대방에 대한 전부를 파악하여 지배하지 않으면 만족하지 못한다. 사소한 것까지

> 편집성 성격장애인 사람은 친밀한 관계로 발전한 상대방에 대한 전부를 파악하여 지배하지 않으면 만족하지 못한다

비난하거나 공격을 하기 시작하고, 격해지면 폭력으로 이어지는 경우도 있다. 심각한 가정폭력 사례는 성격장애 문제가 얽혀 있는 경우가 있다. 공감하기는커녕 아무것도 믿어 주지 않고 공격만 계속하는 최악의 상황에 빠져 있는 것이다. 가장 심각한 카산드라증후군으로 이어질 수 있다.

그 외의 정신질환과 뇌기능장애의 경우

다양한 정신질환이나 뇌의 기능장애가 파트너를 향한 관심이나 공감 능력을 저하시켜서 의사소통에 문제를 일으켜 카산드라증후군의 원인이 되기도 한다. 주변에서 흔히 볼 수 있는 것 중 하나가 알코올이나 도박, 인터넷, 게임 등에 과몰입하거나 의존하는 경우이다. 이런 것들에 몰두하면 파트너나 가족에 대한 관심이 줄어들고 대화도 단절된다. 보통 게임 중독에 빠진 남편의 아내를 '인터넷 게임 과부'라고 부르는데, 가족 방임이 만든 결과이다.

그 외에도 뇌기능장애나 치매로 인해 공감 능력이 저하되어 대화를 하지 못하게 된 경우에도 파트너는 피폐해질 수 있다. 같은 진단명이라도 공감 능력이나 사회성 측면에서 장애가 적으면 자연스럽게 대화를 할 수 있는 경우도 있다. 이때는 돌봐 주고 있는 파트너에게 감사의 말을 하거나 배려하는 모습을 보인다면 파트너 역시 돌보고 싶다는 마음을 유지할 수 있다.

사고 후유증 등으로 인한 뇌기능장애는 손상 부위에 따라 성격이 폭력적이 되거나 감정 조절을 못하기도 한다. 그런 경우 파트너는 우울증 등 몸과 마음의 부조화를 경험한다. 상식적인 범위에서 생각을 하는 파트너일수록 과거와 똑같이 대하면서 변한 행동을 멈추도록 노력할 것이다. 그런데 그 같은 행동이 효과는커녕 불에 기름을 부은 것 같은 결과를 초래하면 절망감은 더 깊어진다. 여러 가지 장애가 원인이 되는데, 이 모든 것은 공감적 반응에 대한 어려움이 공통적으로 자리 잡고 있다. 그렇다면 왜 파트너와의 신뢰 관계나 파트너의 건강을 유지하기 위해서는 공감 반응이 필요할까. 그것을 이해하기 위해서는 친밀함이나 애정의 토대가 되는 애착 구조에 관해 보다 상세하게 이해할 필요가 있다.

카산드라증후군
나와 가까운 사람이 아스퍼거증후군이라면?

제3장

카산드라증후군의 정체

애정을 유지하는 방법

성호르몬은 사랑에 빠진 두 남녀의 육체관계에 지대한 역할을 한다. 그런데 나이가 들어 성호르몬 분비가 감소되면서 성욕도 감퇴한다. 아무리 사랑이 넘치는 부부라도 나이가 들면 육체관계는 소홀해진다. 성욕 감퇴 여부와 관계없이 오직 성적인 목적으로 관계를 이어가는 부부도 있는데, 이런 관계는 불안정하여 외도나 권태기를 피할수 없다.

거대한 뇌를 가진 인간의 경우, 자녀들이 성인이 될 때까지는 오랜 시간이 걸린다. 성욕에만 의존하는 관계에서는 자녀의 성장을 지키기 힘들다. 성숙할 때까지 20년 이상 걸리는 아동의 성장을 위해서는 부모 둘 사이의 애정을 유지하는 것이 중요하다. 자녀를 위해 협력하는 것이 유리하다. 또한 가족이나 공동체가 자녀를 지킬 수 있는 구조를 가짐으로써 부모에게 뜻하지 않은 일이 생겨도 그 부재를 채울 수 있다. 사람들에게는, 특히 오랜 기간에 걸쳐서 유지된 애착 구조는 긴 시간을 필요로 하는 자녀를 지키기 위해서 진화했다고 생각된다. 성호르몬이 작동하여 성적 충동이 일어나면 섹스를 한다. 물론이것도 사랑이다. 하지만 애정을 유지하고 육아라는 어려운 과업을 달성하기 위해 협력할 때는 성욕이 그다지 도움이 되지 않는다. 성욕은 자녀보다 오히려 다른 이성에게 눈을 돌리게 한다.

애정을 유지할 수 있는 것은 다름이 아니라 애착의 구조에 따라야 한다. 옥시토신이라는 호르몬의 작용이 그 구조를 지탱해 준다. 옥시토신이 풍부하게 분비됨으로써, 사람은 자신의 자녀나 파트너를 향한 변함없는 애정을 느낄 수 있다.

수컷의 성적 욕망은 동물이 가진 본능으로 가능한 한 많은 암컷과 섹스를 하려 하며, 이를 통해 자신의 유전자를 남긴다는 이론은 오랫동안 사람들의 지지를 받고 있다. 하지만 이런 이론은 지나치게 단순화되어 있다. 최근의 연구에 따르면, 적어도 남성은 특정 파트너에 대한 애착에 의해 오히려 '덕'을 본다는 사실이 증명되었다. 실제로 이혼으로 파트너를 잃은 남성은 여성보다도 심각한 영향을 받았으며, 평균 10년 정도의 수명이 단축되었다. 성욕을 따르기보다는 애정을 유지하는 것이 남성에게 더욱 도움이 된다는 것을 단적으로 보여 주고 있다.

애착은 건강과 행복의 토대

20세기 초반까지는 부모를 일찍 잃고 시설에서 생활한 아이들의 평균 수명이 짧았다. 균형 잡힌 식사나 거주 환경은 갖춰져 있었는데 성장하지 못한 것이다. 그에 비해 교정시설의 육아실에서 자란 아이들은 고아원 등의 시설과 비교하면 훨씬 열악한 환경에 놓여 있었음에도 불구하고 건강하게 자랐다.

이것의 차이는 어디에서 기인한 것일까? 스핏치(R. Spitz)는 그 같은 것에 흥미를 가지고 연구한 결과, 둘 사이에 중요한 차이가 있음을 밝혔다. 교정시설 육아실의 갓난아이는 어머니 품에서 자랐고, 영양가 높은 음식이나 삶의 환경보다 생존의 열쇠를 쥐고 있었던 것은 바로 부모의 돌봄이었다.

후속 연구를 통해, 부모가 아닌 특정 양육자가 그 아이에게 특별한 애정을 주고 돌봐 준다면 아이는 건강하게 자랄 수 있다는 것을 알게 되었다. 불행하게도 특별한 유대감을 맺는 대상 없이 자란 아이는 생존을 하더라도 심각한 발달상의 문제나 정서적 곤란을 겪었다. 전쟁 고아 연구를 통해서 이런 사실을 알게 된 영국 정신과 의사 존 보울비(J. Bowlby)는 어린아이와의 특별한 연결을 '애착'이라고 주장하면서, 애착 형성의 실패로 인해 일어나는 아이들의 병적인 상태를 '애착장애'라고 불렀다.

어떻게 부모와의 애착이 생명까지 좌우하는 것일까. 최근의 연구를 통해서 그 이유가 밝혀졌다. 애착은 옥시토신이라는 호르몬으로 이루어져 있는데, 옥시토신에는 스트레스나 불안으로부터 사람들을 지키는 힘이 있다. 그래서 애착 구조가 제대로 작용하지 않으면 스트레스를 강하게 받는다. 또한 면역계나 성장 호르몬 등 생명 유지나 성장에 관계된 구조에 옥시토신계는 직·간접적으로 영향을 주며 심신의 건강, 행복과 수명에 큰 영향을 미친다.

애착의 형성과 유지에 반드시 필요한 공감 반응

안정된 애착이 어떻게 형성되는지를 연구하던 보울비의 공동 연구자인 아인스워스(M. Ainsworth)는 아이와 안정된 애착을 가지고 있는 어머니와 불안정한 어머니의 차이에 대해 관찰했다.

애착이 안정된 부모의 경우에는 아이가 무언가를 원하는 사인을 보내면 금방 알아채고 이에 반응했다. 요구한 것에 제대로 답하는 것을 반응 능력이라고 하는데, 안정된 부모는 반응 능력이 높았던 것이다.

그리고 안정된 부모는 아이가 무엇을 원하는지를 잘 읽었다. 항상 잘하는 것은 아니었지만, 아이의 기분이나 의도를 알아내려고 주의와 노력을 기울여 그것에 답하려 했다. 그런 부모의 기능을 그녀는 '안전기지'라고 불렀고, 부모가 안전기지로서 기능하면 안정된 애착이 형성되기 쉽다고 결론 내렸다.

아이의 기분이나 의도를 짐작하는 것이 공감 능력이다. 그리고 공감하고 그 마음에 답하려고 하는 것을 '공감 반응'이라고 한다. 공감 반응은 안전기지의 최대 조건이기도 하다.

공감 반응을 받은 아이는 공감적 반응을 해 주는 존재에게 애착을 형성한다. 따라서 안정된 애착을 형성하고 그것을 유지해 가기 위해서 공감 반응은 반드시 필요하다.

안정된 애착을 형성하고 그것을 유지해 가기 위해서 공감 반응은 반드시 필요하다

카산드라증후군으로 생기는 일

공감 반응의 중요성은 부모와 자녀 관계에서만 해당되는 것이 아니다. 파트너와의 관계에서도 마찬가지다. 파트너로부터 공감적 반응을 받음으로써 애착 구조가 제대로 작용하여 옥시토신계가 기능하고 스트레스나 불안으로부터 보호를 받을 수 있다. 면역계나 내분비계 역시 건강을 지키기 위해 제대로 기능한다. 그런데 공감 반응을 받지 못하고 파트너가 안전기지의 기능을 제대로 하지 않으면, 부모나 애정을 주는 특정 양육자가 없거나 부모에게 방임당한 아이들과 유사한 현상이 일어난다. 애착장애라고 이름 붙이기에는 적절하지 않을지 모르지만, 애착 기능 부전이 생길 수 있다.

애착장애가 생존을 위협할 정도로 심각한 문제인 것처럼, 카산드라증후군으로 발생한 아픔도 생명과는 직접적인 관계는 없지만 몸과 마음의 건강을 위협해서 행복을 빼앗고, 때로는 정신질환을 유발시키거나 자살로 이어질 수도 있다.

공감 반응이 부족한 파트너와 사는 것은 극단적으로 표현하면 파트너라고 생각한 사람이 사실은 감정이 없는 로봇과 같은 존재라고 알게 되었을 때의 심경과 유사하다. 일방적인 대화를 하거나 억지로 다정한 대화를 할 수는 있지만 진심으로 마음을 나누는 대화나 소통은 기대하기 어렵다. 로봇처럼 상처 주는 말을 하지 않으면 그나마 다행인데, 실제 파트너는 종종 화를 내고 폭언을 하고 폭력을 휘두르기도 한다.

그래도 결혼으로 맺어진 파트너이고 자녀도 태어났기 때문에, '이건 아닌데.'라는 의문을 가져도 '시간이 지나면 괜찮아지지 않을까.' 하고 몇 년씩 부질없는 기대에 사로잡혀 사는 사람이 의외로 많다. 오랜 세월을 참아 낸 것이다. 공감 반응을 기대할 수 없는 환경에 장기간 놓여 있게 되면 원래 안정된 애착 상태의 사람들이라도 애착이 불안정해진다. 방임된 아이들에게 일어나는 현상이 어른에게도 발생하는 것이다.

불안형인 사람이 카산드라증후군이 되기 쉬운 이유

정서적인 반응이 부족하고 자신도 그것을 기대하지 않는 회피형에 비해, 반대로 그것을 과하게 필요로 하는 것이 불안형이다. 카산드라증후군 중에는 불안형인 사람이 많은데, 이건 어찌 보면 당연한 결과다.

불안형의 뿌리는 어린아이에게 보이는 '양가적'이라고 불리는 애착 유형에서 유래한다. 양가적 유형은 부모가 사라졌을 때 부모를 찾으면서 큰 소리로 울며, 자신을 두고 간 것에 대해 강한 불안을 보인다. 그런데 잠시 후 부모가 돌아오면 부모에게 응석을 부리기는커녕 화를 내거나, 일부러 외면하고, 안기는 것을 거부하는 청개구리 반응을 보이는 타입이다. 본심과 다른, 솔직하지 않은 반응 때문에 양가적 유형이라고 부른다. 양가적 유형은 애정 욕구가 짧게 채워지거나 빼앗길 때 생긴다. 지나친 기대 때문에 상대의 반응에 만족하지 못하고, 분노나 거부 같은 부정적인 반응만 하는 특징은 불안형 성인에게서 볼 수 있는 것과 일치한다. 한두 살의 아이가 보이는 반응과 어른이 되어서 보이는 반응은 애착 패턴이라는 관점에서는 조금도 다르지 않다. 성인의 불안형은 상대방의 표정을 살피면서 비위를 맞추는 경향이 있다. 그런 행동은 일반적으로 자기에게 자신이 없고, 상대방의 마음에 들어 애정이나 인정을 끊임없이 받지 않으면 불안해지는 것과 관련이 있다. 사소한 판단도 상대방에게 의존하는 경향이 있다. 혼자서는 잘할 수 없다고 믿는다. 그래서 자신에게 소홀하고 상대에게 집중한다. 자기 일은 뒷전이고 상대를 걱정해서 보살피거나 과도하게 애쓰는 경우도 적지 않다.

이렇게 하는 것은 자신이 '좋은 파트너' '좋은 부모'로서 인정받고 싶은 마음이 강하기 때문이다. 그런 만큼 자신의 노력이나 배려를 알아주지 않으면 욕구불만이 쌓여서 낙담하거나 분노한다. 위로와 감사의 반응이 없으면 카산드라증후군의 반응이 일어나기 쉽다.

분노는 애정을 돌이키기 위해 나타나는 경우가 많은데, 안타깝게도 관계는 점점 악화되어 결국 상대도 싫증을 내기 시작한다. 이 같은 상황이 이어지면 기대와는 달리 냉담한 반응만 돌아오기 때문에 또다시 분노가 발생하는 악순환이 반복된다.

양가적 애착 반응이 신뢰 관계에 파괴적인 손상을 입히는 이유에는 또 다른 것이 있다. 그것은 양가적 애착이 이분법적 사고라는 인지 패턴과 연결되기 쉽기 때문이다. 이분법적 사고는 모든 현상을 흑백논리로 단순하게 받아들이는 형태다. 좋다와 나쁘다, 네 편과 내 편, 0과 100처럼 말이다.

처음에는 정말 멋있는 사람이라고 이상화하지만, 마음에 들지 않는 점이 나타나면 전부 싫다고 생각하면서 완전히 부정해 버린다. 처음에는 죽을 만큼 사랑했지만, 모든 게 싫어지고 마는 것이다. 그리고 부정 모드에 들어가면 거부 반응이 일어나서 더 이상 어떤 마음도 받아들일 수 없게 된다. 이처럼 거부 반응이 쉽게 일어나는 것도 카산드라증후군이 심각해지는 원인 중의 하나이다.

아스퍼거증후군도 이분법적 사고에 빠지기 쉽기 때문에 비슷한 면이 있다. 따라서 카산드라증후군이나 아스퍼거장애는 한 번 어긋나기 시작하면 되돌리기 어려운데, 이 같은 극단적인 반응이 관계 회복을 어렵게 만드는 원인이 된다.

불안정한 애착은 신체
증상에도 영향을 미친다

애착을 심리적인 문제라고 생각하기 쉽지만, 그것은 생물학적인 체계와 관련이 있다. 성장 호르몬을 통해서 성장하고, 면역 체계의 작동으로 바이러스나 박테리아의 침입으로부터 몸을 지키는 것과 같이 애착 체계는 우리의 마음과 몸을 지켜 준다.

그렇기 때문에 파트너라는 중요한 타인과의 관계가 불안정해지고 애착 구조가 제대로 기능하지 못하면 심리적인 면뿐만 아니라 신체적인 면에도 영향이 나타난다.

애착 체계를 지탱하고 있는 것은 옥시토신이라는 호르몬이다. 앞에서도 서술한 것처럼, 옥시토신은 스트레스로부터 우리를 지켜 주는 역할을 하기 때문에 그 기능이 저하되면 우리는 스트레스를 받게 되어 심신증 등의 문제를 초래하기 쉽다.

그 때문에 카산드라증후군이 발생하면 여러 가지 신체 증상이 나타난다. 많이 나타나는 증상으로는 두통이나 신체 통증, 어지러움증, 위 증상이나 설사, 변비 등의 소화 기관 증상이 있다. 심신증으로는 위궤양, 십이지장궤양, 고혈압, 당뇨병, 관동맥질환(협심증, 심근경색), 메니에르병 등이 대표적이다. 천식과 같은 알레르기질환이나 크론병과 같은 자가

카산드라증후군은 자신을 아껴 줘야 하는 존재인 파트너 때문에 오히려 스트레스를 받음으로써 만성적인 스트레스와 애착 기능 저하라는 이중 불이익을 받고 있다

면역질환도 스트레스가 발병이나 악화의 원인이 된다. 또한 일부 암에도 스트레스가 영향을 미친다. 폭넓은 질병이 스트레스와 관계가 있으며 불안정 애착은 그러한 발병 위험률을 높힌다.

카산드라증후군은 자신을 아껴 줘야 하는 존재인 파트너 때문에 오히려 스트레스를 받음으로써 만성적인 스트레스와 애착 기능 저하라는 이중 불이익을 받고 있다. 자신을 더 사랑하고 아껴 줘야 하는 파트너로부터 스트레스를 받게 되어 만성적인 스트레스와 애착 기능 저하라는 이중 불이익을 받게 된다는 사실로 인해 카산드라증후군은 더 애처롭게 느껴진다.

최근 만성적인 통증과 애착기능장애의 관계가 주목받고 있다. 불안정한 애착을 안고 있는 사람은 두통을 비롯한 만성적인 통증에 시달리는 경우가 많다. 카산드라증후군은 각종 신체 부적응의 증상을 보이는 경우가 많다. 갱년기 문제도 있지만 애착 체계 기능이 약화되므로 고통이 심해지는 것이다. 실제로 약을 먹어도 개선되지 않던 신체 증상이 관계 회복으로 좋아지는 경우도 있다.

숨어 있는 카산드라증후군이었던 M의 사례

M은 일하는 30대 여성이다. 결혼을 하여 두 살 된 아이도 있다. 최

근 반년 동안 숨이 막히는 답답함을 느끼고 가끔 과호흡 증상까지 나타나 곤란을 겪고 있다. 항상 호흡을 의식하고 있어서 그것만으로도 지쳐 있었다. 다른 의료 기관에서 처방받은 항불안제로 어떻게든 진정시키고 있지만, 최근에는 계속 답답함이 사라지지 않아 출근하는 것마저 힘들어졌다.

증상은 자녀를 어린이집에 맡기고 회사로 복귀한 2~3개월 후부터 시작되었다. 남편의 퇴근 시간이 자신보다 더 늦기 때문에, 어린이집에 아이를 데리러 갔다가 정신없이 저녁 식사를 준비하고 집안일을 했다. 답답함을 혼자서 약으로 억눌렀지만, 때로는 그런 자신의 처지가 한심해서 눈물을 흘렸다.

그런데 남편은 M이 왜 그렇게 괴로워하는지 전혀 모르는 듯했고, 그것에 대해 이야기를 하려 하면 귀찮다는 반응만 돌아왔다. 어쩌다 집에 있어도 M이 요구하지 않으면 아무런 도움도 주지 않았다. M은 남편에게 부담을 주지 않으려고 애써 왔지만, 남편은 자신이 그런 배려를 하는 것조차 알지 못하는 것 같았다.

최근에 남편의 그런 무심함에 또 다른 스트레스가 더해졌다. 그 원인은 남편의 어머니, 즉 시어머니의 무신경한 태도다. 가까이에 살기도 하지만, 예고도 없이 찾아와 집에 마음대로 들어온다. 반찬을 가져다주시는 건 감사하지만, 제집인 양 설거지를 하거나, 냉장고나 냄비 안까지 살펴보는 것은 정말 당황스러웠다. 피곤해서 어두운 얼굴을 하고 있으면 이유를 꼬치꼬치 캐묻기도 한다. 아이에게 관심을 가져 주는 것이나 어린이집에서 아이를 찾아오겠다는 제안은 고맙지만, 선생님에게 어떤 말을 할지 모른다고 생각하면 도저히 맡길 엄두가 나지 않는다.

남편에게 그런 이야기를 해도, 우리를 생각해서 해 주는 일이니까 감사한 마음으로 도움을 받으면 되지 않느냐고 반문하며 M의 기분은 전혀 모르는 것 같았다. 시어머니가 올 때마다 스트레스를 받은 M은 남편과 싸움을 하게 되었다. 남편이 이야기를 해 줬는지 그제서야 시어머니는 발길을 끊었지만, 어머니께 어떻게 이야기를 전했는지도 마음에 걸린다.

결혼하기 전에는 남편의 순박함이나 눈치가 없는 점도 오히려 좋게 생각되었다. 자신처럼 눈치가 빠른 사람에게는 남편같이 둔한 사람이 제격이라고 생각했는데, 요즘은 그런 둔감함을 남편 가족 모두가 공유하고 있는 것처럼 느껴져서 견디기가 힘들다.

M은 아무도 자신의 마음을 알아주지 않아서 마음을 둘 곳도 없는 채로, 그저 괴로움을 견딜 뿐인 생활을 강요받는 것 같았다. 차라리 이 세상에서 사라져 버리고 싶다는 극단적인 생각도 했다.

M은 처음에 자신이 겪고 있는 증상의 원인을 직장에서의 스트레스라고 생각했다. 하지만 점차 남편이 자신을 이해해 주지 않거나 도와주지 않는 태도가 자신을 이런 상태로 내몰았다고 느끼게 되었다. 그렇게 느낄수록 남편에 대한 불만과 분노는 점점 커져 갔다.

공황장애나 직장에서의 적응장애라고 생각했던 증상의 배경에, 남편이 지켜 주는 존재, 즉 안전기지로서의 기능을 하지 못해서 생긴 카산드라증후군이 있다는 것을 알게 되었다.

곤란해하고 있을 때일수록 도와주지 않는다

그렇더라도 좋아해서 결혼한 두 사람이다. 처음부터 상대에게 실망하거나 싫어한 것은 아니다. 당연히 잘해 주고 싶은 마음을 가진 적도 있었을 것이다.

그런 마음이 타인보다 못하다고 느낄 정도로 식어 버리고, 강한 스트레스나 혐오의 대상으로 변해 버린 것은 그 나름대로 이유가 있다.

그것은 회피형인 사람이 가지는 특성으로, 곤란해하고 있을 때일수록 도와주지 않거나, 도움을 청하면 귀찮아하거나, 화를 내기 때문이다.

모든 것이 잘되어 갈 때는 회피형인 사람도 친절하게 대해 준다. 온화하고 따뜻한 사람이라거나 이지적이고 침착한 사람이라는 평도 많이 받는다. 사소한 부탁은 싫은 내색을 하지 않으면서 들어준다.

그런데 정말 곤란해서 어떻게 해야 좋을지 모를 때에 한해서 의지하려고 하면, 생각지도 못한 반응이 돌아온다. "그렇게 기대면 곤란해."라거나 "알아서 해." 또는 "그렇게까지는 못 도와줘."라고 선을 그어 버린다.

궁지에 몰렸을 때 또는 파트너라고 생각해 온 사람이 도움 주기를 거부할 때 충격은 깊은 상처로 남는다. 그 후에 큰 어려움을 겪고 있지 않을 때 기분을 풀어 주어도 신뢰는 다시 회복되지 않는다.

서로 다른
스트레스 대처법

곤란해하고 있을 때일수록 도와주지 않는다고 생각하게 되는 이유는 회피형과 불안형이 스트레스를 받았을 때 나타나는 반응이 정반대라고 해도 과언이 아닐 정도로 다르기 때문이다.

회피형인 사람은 스트레스를 받으면 말이 없어지고 자신의 동굴에 들어가서 견디려고 한다. 한편, 불안형인 사람은 말이 많아져서 의논하거나, 누군가가 이야기를 하는 것으로 마음을 달래려고 한다. 이처럼 스트레스에 대한 대응 방법이 정반대이기 때문에, 스트레스가 심할 때 엇갈림은 더욱 극대화되기 쉽다.

회피형인 사람은 문제에 대한 반응을 하지 않는 것으로 자신을 지키려고 한다. 큰일이 생겨도 정서적인 반응을 억누르면서 침착하려고 애쓴다. 그에 비해 불안형인 사람은 과도하게 반응하면서 자신의 불안을 방출하려고 한다. 그렇기 때문에 불안형 아내의 입장에서는 회피형 남편이 아무런 아픔도 느끼지 않는 것처럼 보인다. 아내나 자녀가 곤란에 빠져 있는데 어떻게 저런 식으로 침착할 수 있는지 이해되지 않는다. 점점 화가 나고 불신감까지 느끼게 된다. 한편, 회피형 남편에게는 불안형 아내의 지나친 반응이 문제 그 자체보다 스트레스로 느껴진다.

그것은 스트레스 대처법이 다르기 때문에 생기는 문제로, 회피형의 냉정함이 도움이 되는 면도 있고 불안형의 수선스러움이 도움이 되는 경우도 있다. 하지만 이로 인해 서로를 이해하지 못하고 관계가 어긋나기도 한다.

엇갈린 아내와 남편의 견해

아내는 남편이 어째서 좀 더 마음을 헤아려 주지 않는가 하고 점차 불만이 쌓인다. 한편, 남편은 자신이 남들처럼 일하고 집안일도 거들고 협력하고 있다고 생각하는데 왜 계속 비난을 받는지 이해할 수가 없다. 이렇게 참고 있는 것을 알아주지 않는다고 생각하기 때문에 부당한 대우를 받고 있다고 느낀다. 거기에 문제가 발생하거나 피로가 쌓이면 폭발해서 심각한 사태로 발전하게 된다. 이런 상황이 이어지면 아내는 가정폭력을 당했다 또는 이혼을 하겠다는 생각을 하게 된다.

이처럼 아내의 입장에서 보는 상황과 남편의 입장에서 보는 상황은 크게 동떨어져 있다. 아내 쪽에서 보면 공감적 반응이 없다고 생각하며, 반대로 남편은 다정함과 애정을 전혀 보여 주지 않는 것처럼 생각한다. 남편은 의무를 다하고 있는데 돌아오는 것은 불만뿐이라고 느끼는 것이다.

이런 관계의 어긋남이 생기는 근본 원인은, 회피형은 이득이나 규칙에 가치를 두는 반면, 불안형은 공감이나 애정에 보다 많은 가치를 두기 때문이다.

이 같은 차이에서 오는 반응의 엇갈림을 조금이라도 좁히기 위해서는 서로의 다른 점을 이해하고 조금씩 다가갈 수밖에 없다. 회피형 남편은 공감적 관계를 늘리려고 노력하고 불안형 아내는 이익이나 의무를 지키려고 함으로써, 아내가 사랑을 표현하고 있다는 사실을 남편에게 조금이라도 이해시킬 필요가 있다.

제4장

카산드라증후군과
섹스에 대한 고민

섹스에 관한
누적된 고민

애착은 친밀함을 유지해 주는 장치다. 애착 장치가 제대로 기능하지 못하면 친밀한 관계와 연관이 있는 성적 행위도 영향을 받기 쉽다. 따라서 애착 기능이 잘 작용하지 못하는 문제를 가진 카산드라증후군은 섹스에 관한 고민을 동반하는 경우가 많다.

'히스테리'라는 말은 본래 자궁을 의미한다. 여성이 욕구불만 때문에 정서적으로 불안정해지거나, 의식의 혼란을 일으키거나, 몸을 활모양으로 뒤트는 발작을 일으키거나, 몸을 움직이지 못하는 특징을 보이는 상태를 가리켰다. 이 같은 설명의 기저에는 여성으로서의 욕구가 채워지지 않았다는 생각이 있었다.

카산드라증후군은 성적 욕구불만보다도 다정함과 배려에 굶주려 있는 경우가 훨씬 많지만, 다정함과 신체적 접촉은 생물학적인 구조에서는 연결되어 있다. 신체적 접촉의 감소는 서로에 대한 다정함을 저하시키는 결과를 초래하기 쉽다. 옥시토신은 신체적 접촉을 통해서 왕성하게 분비되며, 옥시토신이 분비될 때 곁에서 살을 맞대고 있는 사람을 사랑하게 되는 구조가 존재한다.

개인차는 크지만 젊은 커플에서 카산드라증후군이 나타나는 빈도가 비교적 적은 것은 아직 성적으로 연결되어 있거나 신체적 접촉을 유지하고 있기 때문이라고 생각한다. 그것은 섹스를 통해 분비되는 옥시토신으로 응어리가 풀리고, 다정함을 되돌리기 쉽기 때문이다.

그러나 부부는 나이가 들면서 성적 욕구도 저하되고 스트레스나 피로, 육아 등으로 고민이 많아지면 성적인 접촉의 기회는 줄어든다. 그 경향은 남녀 모두 성호르몬의 활동이 저하되는 40대부터이며, 50대가 되면 더욱 뚜렷해진다. 이 연령대는 일에 관한 스트레스와 함께 자녀의 진로 등의 문제가 더해지면서 부부 사이의 연결 고리가 약해진다. 반대로, 부딪칠 기회는 점점 늘어나는 상황에 놓이게 된다. 그렇기 때문에 결혼 초기에는 그렇게까지 높은 장벽이 없었던 부부도 점차 삐걱대기 시작한다.

성적 욕구의 강도가 부부 사이에 정확히 일치하기는 어렵다. 남편이 섹스를 원하지 않아서 괴로워하는 여성이 있는가 하면, 아내가 섹스에 응해 주지 않아서 강한 불만과 다툼의 원인이 되는 커플도 있다. 회피형 남성은 섹스 의욕이 낮은 경향이 있다. 야한 동영상을 보면서 자위는 하지만 아내와의 섹스에는 흥미가 없는 경우도 적지 않다. 아내는 그런 사실을 알고 충격을 받기도 한다.

반대로, 남편은 아내와의 섹스에 적극적인데 아내가 정신적·체력적으로 남편의 요구에 응하는 것을 거부하는 사례도 많다. 그런 경우 아내 입장에서는, 남편은 제멋대로에 자신을 성욕을 처리하는 도구로 생각한다고 느낀다. 그래서 남편의 욕망에 혐오감을 느끼는 경우도 많다. 자기애성 경향이 보이는 남편과는 이런 갈등이 더 일어나기 쉽다. 남편은 아내의 태도에 화를 내며 아내로서 역할을 수행하라고 강요하면서, 때로는 가정폭력을 휘둘러 부부 관계가 파탄에 이르는 요인이 되기도 한다.

단 몇 번뿐인
결혼 생활에서의 섹스

마흔 살을 눈앞에 둔 K는 지독한 월경전증후군(PMS)으로 고통받고 있다. 짜증과 함께 두통 등의 신체 증상도 눈에 띄고, 최근에는 우울 증상도 더해져서 며칠 동안은 누워서 보냈다. 클래식 음악을 듣는 것이 취미인 K는 소극적이고 조심스러운 성격으로, 자기가 먼저 무언가를 주장하는 것을 잘 하지 못했다. 다른 사람과 부딪치지 않도록, 항상 자신이 참으면 된다고 생각했다.

5년 전에 남편과 결혼했는데, 그전에 연애다운 연애를 했던 것은 단 한 번뿐이었다. 그때 사귀던 남성으로부터 청혼받았지만 서로 너무 어리기 때문에 결혼 생활을 잘 해낼 자신이 없어서 거절했다. 그 후 교제한 남성과도 결혼까지는 이어지지 않았다. 정신을 차리고 보니 30대 중반이 되어 있었다.

그때 만난 것이 현재의 남편이었다. 그는 이미 40대였지만 이름이 알려진 회사에서 기술적인 업무를 하고 있었다. 스스로 나서서 이야기를 하는 편은 아니었지만, 언제나 안정된 분위기로 K의 이야기를 느긋하게 들어 주었다. 조금 나이는 들었지만 갸름하고 정돈된 얼굴에 키도 컸다. 좋은 집도 소유하고 있었다. 단지 신경이 쓰이는 것이 있다면 이렇게 좋은 조건인 사람이 왜 지금까지 독신일까 하는 점이었다. 그 점에 대해서 물어보니 그는 일이 너무 바빠서 연애를 할 시간이 없었다고 말했다.

결혼하기 전에 상대가 요구해서 단 한 번 육체관계를 가졌다. 특별히 불만스러운 점은 없었다. 이미 마음은 정해져 있었다. 신혼 때에도 몇 번의 성관계를 가졌다. 금방 아이가 생길 거라고 생각했던 K는 임신이 되지 않는 것에 실망했다. 나이도 나이여서 불임 치료를 받기 시작했다. 남편도 반대는 하지 않았지만, 지나서 생각해 보니 그때부터 남편은 부부 관계에 소극적이었던 것 같다. 의사는 기초체온을 기록하고 배란일을 예측해서 그즈음에 성관계를 가지라고 조언했지만 남편은 여러 가지 이유를 대면서 협력하기를 거부했다. 의사에게 남편이 협력해 주지 않는다고 말하지 못한 채, 불임 치료를 받는 것이 괴로워서 그만뒀다.

그 이후 남편은 K의 몸에 전혀 손을 대지 않았고, 그 상황이 몇 년째 이어졌다. 자기주장이 강한 여성이었다면 이미 이혼을 했어도 이상하지 않을 것이다. 그러나 K는 나이를 의식하면서 아이를 가지는 것도, 여성으로서 사랑받는 것도 포기하고 마음의 안정을 찾으려고 노력했다. 하지만 그것이 결과적으로 지독한 월경전증후군이나 심신증으로 나타나고 있었다.

이런 비극적인 사례는 적지 않다. 남편은 전형적인 회피형 남성으로 보인다. 원래도 성적 욕구가 강하지 않은데, 아이를 가지는 것에 강한 압박을 느끼면서 성적 관계를 회피했다고 이해된다. 아스퍼거증후군의 남성들은 일반적으로 남성 호르몬이 활

아스퍼거증후군의 남성들은 일반적으로 성욕이 왕성한 데 비해, 회피형 남성은 성적 관계, 특히 아이를 가지는 것을 부담스러워하는 경향을 보인다

발한 경향이 있어서 성욕이 왕성한 데 비해, 회피형 남성은 성적 관계, 특히 아이를 가지는 것을 부담스러워하는 경향을 보인다.

이 사례의 남성은, 밖에서는 별 문제없이 자신의 일을 해내고 있어서 사회적인 기술에는 큰 문제가 없는 것처럼 보인다. 따라서 아스퍼거증후군보다는 회피형이 의심된다. 결혼이 늦어진 것도 사회적 기술의 문제보다 친밀한 관계나 책임을 회피하는 경향이 영향을 미쳤을 것이다.

이 여성에게도 회피적 경향이 있어서, 적극적으로 남성적 성향을 과시하는 사람보다 담백하고 소극적인 남편이 처음에는 잘 맞는 것처럼 느껴졌을 것이다. 또한 나이가 많아서 남성에 대한 욕구도 다소 약해졌기 때문에, 여성으로서 성에 대한 관심이 왕성한 때보다는 다소 비켜나 있었다.

남성의 이해와 협력이 있으면 아내의 불만은 개선될 수 있었다. 그러나 회피형 남편 대부분은 문제를 마주하는 것을 피하려고 하는 경향이 강하며, 아내 역시 비슷한 경향이 있는 경우라면 문제를 크게 키우기보다 자신이 참는 것을 선택한다.

근본적인 개선을 위해서는 피하거나 부끄러워하지 말고, 전문가에게 상담하고 남편에게도 협력을 구해야 한다.

여성은 완전한 섹스가 아니더라도 포옹이나 애무 같은 신체적 접촉으로도 만족하는 부분이 적지 않다. 남성 쪽의 만족이 아니라, 여성 쪽의 만족을 생각할 필요가 있는 시점이다.

남성 쪽의 만족이 아니라, 여성 쪽의 만족을 생각할 필요가 있는 시점이다

밤이 되는 것에 대한
두려움

정반대로, 남편이 섹스를 요구하는 것을 고통과 공포로 느끼는 사례도 많다.

30대 여성 E가 도와 달라며 저자를 찾아왔을 때는 남편의 가정폭력을 피해 본가로 가 있던 상태였다. E는 모델 출신의 아름다운 여성으로, 남편과는 파티에서 알게 되어 20대 후반에 남편의 열렬한 구애를 받아 반년 만에 결혼했다. 일곱 살 연상인 남편은 대기업을 경영하는 일가의 자제로, 젊은 나이에 이미 전무의 직함을 가지고 있었다. 고급승용차를 타고, 비싼 와인을 별 부담 없이 마셨다. 누구나 E가 남부러울 것이 없는 결혼을 했다고 생각했다.

결혼 후 1년 정도는 행복했다. 다소 강압적으로 장소와 시간을 가리지 않고 하는 섹스도 자극적으로 느껴졌다. 상황이 달라진 것은 아이를 임신하고부터였다. 아직 입덧으로 힘들어하는데도 섹스를 요구하여, 컨디션이 좋지 않다고 에둘러서 거절하면 남편은 지금까지 보인 적이 없는 험악한 얼굴로 화를 내기 시작했다. E는 그 반응에 당황하면서도 어쩔 수 없이 요구를 받아들였다. 그때 E는 자신의 몸이 남편의 성욕을 처리하는 데 사용되는 것 같아서 꺼림칙한 기분을 지울 수 없었다. 그런 생각이 들어서 되돌아보니 지금까지 남편의 행동은 모두 자신의 욕구가 우선이었다. 아내의 기분은 전혀 관심이 없고, 그저 아내의 아름다운 몸을 자기 뜻대로 할 수 있을까에만 관심이 있는 것처럼 보였다. 그러기 위해서 비위를 맞추는 경우는 있었지만, 그것은 E에 대한 진정한 관심은 아니었다.

그래도 E에게는 아직 남편에 대한 애정이 남아 있었고, 아이가 태어나면 그도 바뀔 거라는 기대도 있었다.

남편은 아이의 탄생을 기뻐했지만, 남편과의 관계가 걷잡을 수 없이 나빠진 것은 오히려 아이가 태어나고부터였다. 몸도 충분히 회복되지 않았고, 섹스를 해도 기쁨보다는 아픔이 컸다. 그래도 남편은 예전과 같은 격렬한 섹스를 요구하면서, 즐거움을 느끼지 못하는 E의 태도를 비난했다. 관계를 거부하면, 아내의 의무를 다하라며 소리를 지르기도 했다. 남편이 절정을 느낄 때 E는 심한 아픔을 견뎌야 했다. 그런 일이 반복되자, 밤이 되고 남편이 귀가하는 게 공포스럽게 느껴졌다. 결국 어느 날 밤, 관계를 거부했다가 폭력을 당한 E는 아이를 데리고 본가로 피신했다.

> 밤이 되고 남편이 귀가하는 게 공포스럽게 느껴졌다

바탕에 깔려 있는 공감 능력의 문제

성적 문제로 생각되기 쉽지만, 그 바탕에 있는 것은 배려와 공감 능력의 문제다. 섹스는 배려와 다정함이 없으면 폭력적 행위다. 출산 후, 수유 중인 여성은 호르몬 환경이 급변하여 젖분비 호르몬의 작용으로 성욕이 억제됨으로써 육아를 우선하게 된다. 배려와 공감 능력이 높은 남성인 경우에는 이 같은 여성의 기분 변화를 알아차리고 자연스럽게 같은 감정이 되기 때문에 성욕보다 육아를 우선하게 된다.

그러나 공감 능력이 부족한 자기애성 성격이나 아스퍼거증후군 경향이 있는 남편은 아내를 자신의 소유물로 생각하여 자신에게는 아내를 사용할 권리가 있다고 생각한다. 또한 아내는 남편과 섹스를 할 의무가 있다는 규칙에 사로잡혀서, 그에 반하는 행동을 하면 분노한다. 상대의 사정이나 기분을 배려하기보다 자신의 욕구나 규칙을 우선한 결과, 충돌이 생기거나 폭력을 휘두르게 된다. 이것이 결국 관계를 파괴시키고 만다.

상대의 기분에 공감적 반응을 하지 못한다는 점이나, 섹스에 있어서의 어긋남에서 카산드라증후군의 상황이 일어났다고 할 수 있다. 섹스의 불일치는 욕망의 불일치로 생각되기 쉽지만, 오히려 공감 반응의 문제로 이해하는 것이 바람직하다.

공감 능력은 상대의 기분을 받아들이는 수동적인 행위일 뿐만 아니라, 공격성을 통제하는 중요한 역할을 한다. 상대의 입장이 되어 생각할 수 있기 때문에 상대를 함부로 공격하려고 하지 않는다. 하지만 공감 능력이 부족한 사람은 상대의 기분을 신경 쓰지 않고, 자신의 요구에 따르지 않으면 분노하면서 공격하기 쉽다.

E의 남편의 경우에는 대기업의 자제로, 어머니가 사장이었다. 그는 금

> 공감 능력은 상대의 기분을 받아들이는 수동적인 행위일 뿐만 아니라, 공격성을 통제하는 중요한 역할을 한다

전이나 물질적인 면에는 전혀 부족함이 없었지만, 어머니의 애정이나 배려라는 점에서 충족되지 못했을 것이다. 고급승용차를 소유한 것과 마찬가지로 아름다운 아내를 손에 넣고, 자신이 타고 싶을 때 탈 수 있는 고급승용차와 같은 감각으로 아내를 생각했던 것은 아닐까? 그러나 고급승용차는 딜러에게 가지고 가면 언제든지 애프터케어가 가능하지만, 아내는 자신이 다정함과 배려를 쏟아야 한다. 그는 그런 사실조차도 알지 못했던 것이다.

카산드라증후군
나와 가까운 사람이 아스퍼거증후군이라면?

제5장

부모 자녀 간의
문제가 생기기 쉽다

본가와의 관계가 얽힌 경우도 많다

카산드라증후군은 애착 기능 부전의 문제를 안고 있다. 그렇기 때문에 파트너 중 적어도 어느 한쪽이 애착 문제를 겪고 있는 것이 일반적이다. 회피형과 불안형의 조합과 같이, 양쪽 모두가 문제를 겪고 있는 경우도 적지 않다.

애착 문제는 대부분의 사례에서 부모와의 관계가 불안정하거나 지배적인 것에 원인이 있다. 그렇기 때문에 불안정한 애착을 겪고 있는 사람들은 부모와의 관계가 좋지 않다는 공통점을 가지고 있다. 관계가 험악하고 삐걱거리는 경우뿐만 아니라, 한쪽이 과도하게 맞추면서 표면적으로는 균형을 유지하는 경우도 많다.

어느 쪽이든 불안정한 애착의 뿌리에는 부모와의 불안정한 관계가 있다. 따라서 카산드라증후군은 부부 사이의 애착 문제라고는 하지만 부부만의 문제에 그치지 않고, 부모와의 관계에도 어려움이 있는 경우가 많다. 좀더 정확하게 말하자면, 이미 부모와의 불안정한 관계를 경험했으며, 그것이 파트너와의 관계에까지 영향을 주고 있는 것이다.

그러나 당사자들은 양쪽이 연결되어 있다고 생각하지 않는다. 두 사람이 서로 사랑할 때 남편은 아내가 친정과 사이가 좋지 않은 것은 장인이나 장모에게 문제가 있기 때문이라면서 아내 편을 든다. 이처럼 친정을 비난하는 동안 부부 관계도 원만하게 유지된다. 그런데 아내가 친정과 잦은 교류를 하면서 오히려 부부 관계는 악화되기도 한다. 이번에는 남편이 나쁜 놈 취급을 받는 것이다. 불안형은 항상 악인을 필요로 한다는 특징이 있다. 함께 누군가의 험담을 하고 있을 때는 좋은 관계를 유지하지만, 언젠가 그 험담의 대상이 자신이 될지도 모른다.

반대로, 불안형 아내 때문에 남편이 자신의 본가와 관계가 나빠지는 경우도 있다. 불안형 아내는 결혼 당시에는 시댁에 인정을 받으려고 열심히 노력한다. 하지만 인정 욕구가 너무 강해서 시댁의 반응이 기대와 다르면 점차 불만이 쌓이고, 결국에는 분노가 폭발하면서 시댁과 갈등하게 된다. 때로는 남편에게 시댁과 자신 중 어느 쪽을 택할 거냐고 몰아세워서 남편이 어쩔 수 없이 시댁과의 왕래를 끊는 경우도 생긴다. 이때 남편도 본가와의 관계가 그렇게 좋지 않았던 상황이라면 단절로 이어지기도 한다.

본가에서 어떤 이야기를 들을 때마다 파트너와의 관계가 나빠지는 경우도 많다. 본가와 파트너 중 어느 쪽을 우선시해야 하는 삼각 관계에 빠지기 쉬운데, 독점욕이 강한 불안형 사람들은 삼각 관계를 특히 어려워한다. 불안형은 지나친 애정을 요구하거나 독점하고 싶어 하기 때문에 자칫 가족 관계가 뿔뿔이 흩어지기 쉽다.

아내 입장에서 보면, 남편의 부모는 공감 능력과 상식이 부족하고, 이쪽에서 보이는 성의도 전혀 이해하려고 하지 않는 터무니없는 사람들이다. 시댁 입장에서 보면, 며느리는 처음에는 살가운 척을 하더니 별것 아닌 일에 화를 내고는 손바닥 뒤집듯이 태도가 바뀐 괘씸한 존재이다. 아들까지 그런 며느리에게 세뇌당했다고 한탄한다.

이 단계에서 부부는 단결해서 비상식적인 본가의 간섭을 거부하고 자신들의 독립성을 지켰다고 생각하지만, 문제는 그 이후에 있다.

본가 부모와의 관계에서 일어났던 일이 시간이 지나면서 부부 사이에서, 그리고 또 몇 년이 흐른 후에는 자녀와의 관계에서 반복되어 일어난다. 애착 문제는 자각하여 맞서서 싸우면서 방법을 찾지 않으면 무의식적으로 꼬리를 물면서 문제를 발생시키는 성질을 가지고 있다.

남편보다 친정이 우선이었던 N의 경우

N은 40대 초반의 여성이다. 만성적인 우울증과 여러 가지 신체적 증상으로 10년 이상 고통받고 있다. N은 취직을 하기 위해 도시로 나와, 그곳에서 현재의 남편을 만나 결혼을 했다. 하지만 고향에 계신 부모님을 돌보는 일을 전적으로 여동생에게 떠맡긴 것에 대한 죄책감이 있었다. 결혼하여 두 명의 자녀가 초등학생이 되었지만 마음 한구석에는 고향에 돌아가 부모님을 돌봐야 한다는 생각은 떠나지 않았다. 그런 마음이 있어서인지, 결혼한 지 10년 이상이 지났는데도 남편과의 도시 생활은 일시적이라고 생각하고 있었다. 도시의 생활이나 이웃에 정이 들지 않는 것은 당연한 결과였다.

솔직히 말해서, 생활에 지장이 없다면 당장이라도 남편과 헤어지고 친정으로 돌아가고 싶었다. 단지 아이들이 도시 생활을 좋아하기 때문에, 아이들이 클 때까지 참고 견디겠다는 것이 그녀의 본심이었다.

일반적인 기준으로 보면 남편은 열심히 일하고 그렇게 나쁜 사람이 아닐지도 모르지만, N은 남편을 용서할 수 없었다. 그것은 N이 1년에 몇 번씩 멀리 떨어진 친정까지 아이들을 데리고 가는 것에 남편이 불만을 드러내면서부터였다. 친정을 챙기는 것에 대해 남편이 탐탁하게 여기지 않는다는 것을 알고 N은 실망했다. 친정 식구가 자신에게 얼마나 소중한 존재인지, 그것조차 이해해 주지 못하는 것에 분노와 슬픔을 느끼는 동시에, 그런 남편을 도저히 받아들일 수 없었다.

N은 남편보다 친정을 선택하겠다는 의사를 전하면서 친정 나들이에 불만이 있으면 이혼하겠다고 선언했다. 당황한 남편은 물러날 수밖에 없었다. 그리고 친정을 방문할 때 아무리 많은 비용이 들어도 불만을 말할 수 없었다. 그러나 이후 두 사람의 관계는 어긋난 채로, 최근 1~2년은 거의 정서적 이혼 상태였다. 남편은 자신의 마음을 절대로 이해할 수 없다고 생각해서 N이 먼저 마음을 닫아 버린 것이다.

N이 남편보다 우선할 정도로 소중하게 생각하는 부모님은 N을 얼마나 귀하게 여기고 있을까? 사실, 아버지는 알코올 중독으로 지금은 간경화가 진행되고 있었다. 친정은 엉망진창으로, 아버지와 어머니는 매일같이 싸웠다. 어머니는 전화를 할 때마다 아버지 일로 푸념을 늘어놓았고, N은 항상 그런 이야기를 들어 주어야 했다. 어릴 적부터 어느 쪽이 부모인지 모를 관계가 이어져 왔다.

그때마다 N은 몸이 안 좋아지고 침울해졌다. 그리고 가정일을 접어두고 친정으로 달려가 문제를 해결하기를 반복했다.

그런데 상황의 전환은 의외의 형태로 찾아왔다. 아버지가 돌아가신 것이다. 아버지가 돌아가신 후, 어머니도 안정을 찾았다. 그때까지 친정의 일에 몰두했던 N이었지만, 가정과 아이들에게 신경을 쓰기 시작했다. 가정생활을 즐기면서 표정도 온화해졌다. 지금까지 친정의 일에 너무 얽매여 있었다고 반성하면서, 자신이 나서도 해결할 수 없는 일을 어떻게든 해결하려고 애쓰면서 정작 자신에게는 소홀했다는 아쉬움도 드러냈다.

심각했던 신체적 증상이나 우울증도 좋아져서 더 이상 약을 먹지 않아도 편하게 지낼 수 있게 되었다. 친정에 가는 횟수도 줄고, 남편과의 관계도 예전보다 좋아졌다.

알코올 중독으로 끊이지 않고 문제를 일으키는 아버지에게 휘둘리고 어머니의 푸념을 들으면서 자란 N은 부모님을 안정시켜야 한다는 것이 사명과도 같은 것이었을 것이다. 그것이 뇌리에 박혀 있었는데, 그런 생각을 부정하는 듯한 남편의 태도는 자신을 이해하지 못하는 것으로밖에 생각되지 않았다.

자신도 모르는 사이에 미숙한 부모나 본가의 사정에 지배당해, 자신의 삶보다도 구제할 수 없는 부모의 인생을 우선시한 것을 알아채지 못하고 남편과의 관계를 끊어 내려고 했던 것이다.

자신의 부모와의 불화도
얽혀 있다

　카산드라증후군은 파트너의 공감 능력 부족이 부각되어, 그것이 문제의 핵심으로 여겨진다.

　하지만 대부분의 경우는 그렇게 단순하지 않다. 카산드라증후군 사례를 다수 봐 온 경험에서 말하자면, 카산드라증후군에 빠져 있는 사람에게 적절한 구원의 손길을 내밀어 주지 않는 사람은 남편만이 아니다. 남편 이외의 관계에서도 도움을 주지 않는 경우가 많다. 자신의 본가나 부모와 관계가 좋지 않거나, 마음 편하게 기댈 수 있는 존재가 아닐 수도 있다. 그렇기 때문에 달리 의지할 곳이 없어서 남편에 대한 기대가 더욱 커질 수밖에 없는데, 남편이 그것을 충족시켜 주지 못한다면 아내는 궁지에 몰릴 수

남편 이외의 관계에서도 도움을 주지 않는 경우가 많다

밖에 없다. 남편에게 문제가 있어도 친정과의 관계가 좋으면 부모에게 불만을 말하거나 도움을 받으면서 해소할 수 있기 때문에, 막다른 골목에 와 있다고 생각하지 않을 수 있다.

언제나 남동생이 우선

J도 친정과 사이가 좋지 않았다. J에게는 남동생이 있었는데, 부모님은 언제나 남동생을 편애했기 때문에 크고 작은 불화가 이어졌다. 불화의 정점은 남편과의 결혼이었다. 어머니 입장에서는 남편도 남편의 집안도 기대에 미치지 못해서 탐탁하게 여기지 않았다. 대놓고 반대하지는 않았지만, 사윗감으로 그다지 환영하지 않는 건 확실했다. J는 그런 분위기를 느끼자 오기가 생겨서 결혼을 관철시켰다. 이후 출산이나 육아도 될 수 있는 한 친정에 의지하지 않고 자력으로 해냈다.

남편의 본가 근처에 보금자리를 마련한 것도 친정보다 시어머니가 더 의지가 될 거라고 생각했기 때문이다. 사소한 것에도 예민한 어머니에 비하면 꾸밈없고 솔직한 시어머니가 부담스럽지 않다고 느꼈다. 그러나 가까이서 살아 보니 예상과 달랐다. 지금은 시어머니가 너무 무신경해서, 문화적 차이마저 느낀다.

의지할 곳은 남편밖에 없었지만, 정작 남편은 상대의 감정을 헤아리는 능력이 초등학생 수준밖에 되지 않는 것 같았다. 남편의 장점으로 생각되었던 '순박함'이 지금은 J를 힘들게 하고 있다.

J의 남편은 직장에서는 책임 있는 업무를 잘 해내고 있기 때문에 아스퍼거증후군이나 자폐스펙트럼장애라고는 보기 어렵다. 단지 공감 능력이나 의사소통이 조금 서투르고 둔한 면이 있다. 시어머니에게도 비슷한 경향이 있다면 유전적인 특성을 추론할 수 있다. 또는

남편은 그런 어머니가 양육했기 때문에 공감 능력이 발달하지 못한 채 회피형 애착을 겪고 있을지도 모른다. 실제로는 두 개의 가능성이 섞여 있을 수도 있다.

남편의 아스퍼거증후군만이 문제라고 보는 단순화된 이해는 실제 생활에서 납득되지 않는 면이 있고 의학적으로 봐도 판단의 근거가 빈약하다.

남편의 문제만이 아니라 자신의 친정이 안전기지로서 기능하지 못한 것, 그것으로 인해 J 자신이 불안정한 애착 유형을 형성하고 있다는 점이 남편과의 갈등을 크게 만들었다. 게다가 일과 육아, 집안일 같은 현실적인 부담이 남편의 도움보다 훨씬 웃돌아서, 자신의 노력이나 인내로는 도저히 어쩔 수 없는 데까지 오고 말았던 것이다.

친정이 개입하여
헤어지게 한 것은 좋지만

최근에는 부부 관계보다도 친정과 가깝게 지내는 사람이 적지 않아서 모계사회의 경향을 언급하는 경우도 많다. 그렇게 되면 여성은 시집보다는 자신의 친정에 소속되는 경향이 강해진다. 남편이나 아버지를 중심에 두는 부계사회에서는, 여성이 결혼을 하면 이제 이 세상에는 다른 집이 없다고 강조하면서 친정과의 관계를 끊어 냈다. 그러나 요즘은 친정과의 관계를 끊기는커녕 결혼하면서 친정과 가까이에 사는 것을 선택하는 부부도 많다. 높아지는 이혼율로 알 수 있듯이 부부 관계는 언제 깨질지 모르는 일시적인 관계이지만 부모 자녀 관계는 반영구적인 관계로, 남편과의 관계보다는 의지가 된다는 의식이 있는지도 모른다.

얼마 전까지는 부부싸움을 해도 결혼을 했으니 이제 돌아와서도 안 되고, 부부 문제는 둘이서 해결하라는 친정 부모의 태도가 일반적이었다. 그런데 요즘은 부부 사이의 사소한 싸움에도 친정이 개입해서 쉽게 이혼시키는 사례가 눈에 띈다. 소중한 딸을 지키고 싶은 마음은 알겠지만, 과연 그것이 좋은 것일까라는 의문을 가지게 되는 사례도 있다. 왜냐하면 그런 사례를 좀 더 살펴보면 남편 쪽에 문제가 많지만 경우에 따라서는 아내 쪽에도 적지 않은 문제가 있기 때문이다. 상대에게 너무 많은 것을 바라고, 기대대로 해 주지 않으면 비난하거나 부정적인 부분에만 주목해서 과하게 반응하는 경향을 보이기도 한다. 근원을 파헤쳐 보면, 아내는 부모에게 과도한 지배를 받아 부모가 바라는 대로 '착한 아이'로 통제당하고 키워진 것을 알 수 있다.

어떤 의미로는 결혼을 통해서 그 같은 부모의 지배에서는 벗어났지만, 부모와의 관계에서 만들어진 불안형 애착 유형이 남편과의 관계에서 의존과 공격이라는 바람직하지 않은 패턴으로 이어지고 있었던 것이다. 그러나 그런 방법으로 잘 지내기 어렵다는 이유로 부모에게 다시 돌아간다면 진정한 의미의 해결은 할 수 없다.

제**6**장

남편이 할 수 있는 것-
카산드라증후군의 비극을 피하기 위해

이혼 후의 괴로운 현실

카산드라증후군의 본질은 파트너가 안전기지 역할을 하지 못해서, 애착 장치가 제대로 작동하지 못하면서 심신에 문제가 발생한 것이라고 할 수 있다. 따라서 카산드라증후군을 예방하거나 개선하기 위해서는 파트너가 문제를 깨달을 수 있도록 돕는 것이 바람직하다. 이를 통해서 안전기지의 기능을 되찾음으로써 애착 장치가 본래의 기능을 회복하여 서로의 몸과 마음을 지킬 수 있다.

그러기 위해서는 힘들어하는 아내(남편인 경우도 있지만)의 어려움이 자신의 문제로 인해 발생했다는 것을 깨달을 필요가 있다. 그런데 말만큼 간단한 작업은 아니다. 하지만 알아채지 못한 채로 관계를 이어 가면 부부 관계는 벼랑에 몰려 악화 일로로, 결국에는 불행한 결말에 이르게 된다.

관계가 악화되고 있을 때는 분노나 거절감이 팽배하여, 이런 관계가 이어진다면 끝내는 편이 좋다고 생각하기 쉽다. 그러나 부부 관계 파탄의 대가는 결코 작지 않다.

지금까지 많은 애정과 노력과 시간, 그리고 비용을 들여서 키워 온 자녀는 대부분 아내가 맡게 된다. 그리고 남편은 양육비 부담을 지게 된다. 이혼하고 자녀까지 잃은 외로움은 실제로 경험해 보지 않으면 알 수 없다. 그 같은 외로움 때문에 알코올 중독이나 우울증을 앓는 사람도 많다. 이혼한 후에 자녀의 목소리가 환청으로 들린다고 호소하는 사람도 있다.

땀 흘려 모은 재산도 결혼 후에 늘어난 것은 파트너와 반으로 나눠야 한다. 연금도 반으로 나눈다. 황혼이혼의 경우라면 퇴직금도 마찬가지다. 헤어진 시기에 따라 다르긴 하지만, 아내와 함께라면 20만 엔(한화로 약 200만 원) 이상 받을 예정이었던 연금은 60퍼센트 정도가 줄어드는 경우도 생긴다. 노후의 생활 설계에 큰 차질을 빚게 된다.

통계 자료를 보면, 건강이나 수명에까지 영향이 있음을 알 수 있다. 앞에서 언급한 것처럼, 이혼한 남성은 평균 수명이 10년 단축된다는 결과도 있다. 이혼으로 인해 애착에 큰 타격을 주는 것은 그 정도로 정신적 또는 육체적 건강에 위협이 된다.

물론 아내 쪽도 여러 가지 부정적인 영향을 받게 된다. 특히 경제적인 면으로, 한부모 가정이 되면 국가의 지원 제도가 있기는 해도 취약 계층이 될 가능성이 큰 것이 현실이다.

육아의 부담이나 고민도 혼자서 해결하지 않으면 안 된다. 없는 편이 낫다고 생각해 왔던 남편도 그나마 도움이 됐다고 깨닫게 되는 때가 온다. 자녀가 남자아이일 경우이거나, 여자아이라도 아버지를 많이 그리워할 경우에는 그런 상처를 계속 간직한 채 살게 된다. 그리고 자녀들의 그 같은 정서가 어머니에 의해 무시된다면, 성장하면서 비행이나 경계성 성격장애, 우울증, 약물 의존 등의 위험률이 높아진다.

남자의 도움을 받을 수 없다는 것으로 인한 불편함이나 부담이 늘어난다. 승용차를 사용하지 못하게 되는 경우도 있고, 마트에 가거나 자녀가 열이 날 때 병원에 가는 것도 힘들다.

필요는 발명의 어머니라는 말이 있듯이, 30대에 이혼을 한 경우라면 이어서 또 다른 파트너를 만날 가능성도 많다. 그러나 40대 이후에 이혼한 경우에는 현실적으로 재혼 기회도 줄지만 스스로도 여러 가지 번거로운 경우들을 생각하면서 주저하게 된다.

남성의 경우만큼 심하지는 않지만, 이혼은 여성의 수명에도 부정적인 영향을 초래하여, 이혼한 여성의 경우에도 평균 수명이 약 5년 줄어든다. 남녀 어느 쪽이건 이혼한 경우, 될 수 있는 한 빠른 시일 내에 재혼하는 것이 수명에 미치는 영향을 줄일 수 있지만, 남성의 경우에는 이혼 후 재혼이 더 어렵다. 그런 의미에서라도, 할 수만 있다면 행복한 결혼 생활을 되돌리는 게 바람직하다.

> 할 수만 있다면 행복한 결혼 생활을 되돌리는 게 바람직하다

자녀에게 미치는 영향도 적지 않다

이혼하면 문제가 해결될 것이라는 단순한 논리가 아니라, 부부 모두 커다란 피해를 입게 된다. 자녀가 없는 경우는 어떤 손실도 자신들의 책임으로 받아들이면 되기 때문에 그나마 이야기가 간단하다.

그런데 자녀가 얽히게 되면 문제는 몇 배 어려워진다. 아무런 책임도 없는 자녀가 애착에 깊이 상처를 받고, 그것은 그 후 그들의 인생

에 많은 영향을 주기 때문이다. 실제로 가장 큰 피해를 입는 것은 자녀라고 해도 과언이 아니다.

부모가 이혼한 아이들에게는 스트레스나 우울감 같은 심리적 영향뿐만 아니라, 비행이나 반항, 학업 능력 저하, 대인 관계 문제 등 행동면에서도 여러 영향이 나타나기 쉽다. 어떤 연구에 따르면, 이혼가정의 자녀는 25%가 심리적 또는 사회적 문제를 드러내는데, 그것은 부모가 이혼하지 않은 가정 자녀의 2.5배에 해당한다.

게다가 부부 관계나 육아 문제에 직결되는 애착과 관련된 영향도 염두에 두어야 한다. 부모의 이혼을 경험한 여학생과 그렇지 않은 여학생 각각 150명씩을 대상으로 한 연구에 따르면, 전자는 불안정한 애착 유형, 특히 공포/회피형이 나타나기 쉽고 자존감이 낮았으며, 부모에 대해서도 부정적으로 언급했다. 또한 부모가 만 12세 전에 이혼한 경우에는 불안정 애착 유형, 특히 불안형에 해당하는 사로잡힌 형태의 애착 유형이 될 가능성이 높았다.

또 다른 연구에 의하면, 자녀의 평균 수명 역시 부모의 이혼으로 인해 4년 정도 줄어든다는 결과도 있다. 애착 문제는 세대에서 세대로 이어지면서 전수되기 때문에, 부모의 문제가 자녀뿐만 아니라 손주 세대까지 영향을 줄 수도 있다. 외면하고 싶지만, 그것이 현실이다.

괴물이 된 아내와
사는 것도 힘들다

　설사 수명이 줄어든다고 하더라도 이혼하는 편이 오히려 행복할지도 모른다고 생각이 드는 예도 있다. 그것은 카산드라증후군이 심해져, 정서불안정이 되어 칼을 휘두르거나 흥분하고 망상에 사로잡혀 남편을 쉬지 않고 비난하는 아내와 여생을 함께하지 않으면 안 되는 남편들의 비극이다. 인격이 파괴될 정도로 상처받은 아내에게 유일한 위로는 남편에게 분노를 쏟아 내고 계속 남편을 흔들어 대는 것이다. 그런 아내의 한 서린 원망을 죽을 때까지 들어야 하는 것은 어떤 의미에서는 수난이다.

　아내 역시 자신이 선택한 길은 아니다. 너무나 깊은 상처를 받으면서 그동안 쌓아 온 독을 밖으로 뱉어 내지 않으면 안 되기 때문이다. 남편이 부도덕한 일을 저지르거나 배신한 것은 아니지만, 배려받지 못한 서운함과 다정함의 결여가 아내를 그런 지경까지 몰고 간 것이다.

　아내를 그 같은 괴물로 만들지 않고 자신도 비참한 노년을 보내지 않기 위해서라도, 할 수만 있다면 부부 관계를 개선해서 아내를 카산드라증후군에서 구해 내는 것이 바람직하다. 만약 카산드라증후군이 되어 버렸다면, 먼저 아내와의 관계 개선에 모든 힘을 기울여야 한다. 꾸물대고 있을 때가 아니다.

　이 장에서는 문제를 인식한 남편이 먼저 뭘 할 수 있는지, 아내가 그 같은 질병에 시달리지 않게 하기 위해서는 어떻게 하면 좋을지에 관해 언급하려고 한다. 또한 이혼이라는 파국을 피하고 행복한 관계를 되돌리기 위해서 어떻게 하면 좋을지에 대해서도 다루고 싶다. 손쉽게 할 수 있는 것을 중심으로, 관계 개선에 도움이 되는 실전적 노하우를 전수하려고 한다.

문제를 자각하는 것이 관계 개선의 첫걸음

다른 문제들과 마찬가지로, 문제를 자각하고 그것과 마주하기로 결의하는 것이 개선을 향한 첫걸음이 된다. 그러나 대다수의 사람들은 문제를 직시하지 않으려 한다. 특히 회피형의 사람은 문제를 마주 보기 힘들어한다. 번거롭다고 생각한다.

하지만 귀찮다고 느끼면서 보고도 못 본 척하는 사이에 문제는 눈덩이처럼 불어난다. 파트너가 자신에게서 완전히 멀어지고 미움만 남게 되면 되돌리기 어렵다. 외로운 노년을 피하기 위해서라도 문제를 제대로 마주하는 것이 좋다.

혹시 파트너가 괴로워하거나 짜증이나 분노를 터뜨리면서 자신을 공격한다면, 그것은 경계 신호인 동시에 아직 회복할 수 있는 가능성의 여지가 있다는 것이다. 그것은 양가적인 것으로, 애정을 기대하는 데 반응해 주지 않기 때문에 생긴 분노이다. 더 이상 아무것도 바라지 않고 파트너를 배제해 버린 삶을 꿈꾸기 전에 무엇인가를 하는 것이 필요하다.

앞에서도 언급한 것처럼, 파트너에 대한 배려 없음과 그것이 쌓여서 생긴 카산드라증후군은 생활 습관과 관련된 질병 같은 것이다. 사건 하나하나를 들여다보면 치명적이라고 말할 수 있는 일은 아니다. 썩 유쾌한 일은 아니지만, 그렇다고 해서 견딜 수 없을 정도도 아니다. 그러나 그것이 누적되면 견디기 어렵고 고통스러운 일이 되어 버린다. 거부 반응도 생긴다.

막다른 곳에 이르면, 헤어지는 것 외에 서로의 평안을 얻을 방법을 찾을 수 없게 된다. 그러나 그렇게 되기 전에 자각하고 예방에 애쓴다면, 파탄을 방지하고 건강과 행복을 되돌릴 수 있다. 얼마나 자각하고 행동하느냐에 달려 있다.

그러면 뭘 어떻게 하면 좋은가. 구체적인 방법을 아는 것만으로는 도움이 되지 않는다. 현실에서 생기는 사건은 여러 형태로 변화한다. 먼저, 근본 원리를 이해해 두는 것이 중요하다. 원리를 이해한다면 어떤 경우에도 스스로 대응할 수 있는 방법을 찾아낼 수 있을 것이다.

자신의 특성을 감안한 대응 방식

자신이 어떤 유형이며, 그런 사람들이 빠지기 쉬운 함정을 미리 알

아서 그것을 바탕으로 대응 방안을 세운다면 파트너나 가족에게 주는 부정적 영향을 줄일 수 있다. 또한 이처럼 자각하고 노력하는 자세를 보여 줌으로써 파트너의 초조함과 스트레스를 완화시킬 수도 있다.

각각의 유형이 가진 특성과 빠지기 쉬운 어려움에 대해서는 이미 언급했다. 여기서는 본인은 의식하기 어렵지만 관계를 위해서는 도움이 되는 점에 대해서 다시 한번 다루고 싶다.

아스퍼거증후군이나 회피형의 공통점은 공감 반응이나 정서적 표현이 지나치게 적다는 것이다. 본인은 거의 자각하지 못하지만 상대 입장에서 보면 무표정에, 다정함이나 따뜻함은 물론 타인에 대한 관심이 지나치게 적다고 느낀다. 의식적으로 반응이나 표정을 풍부하게 하려고 노력하는 것은 함께 사는 상대를 위한 배려다.

자신의 생각에 사로잡혀 상대의 기분이나 주위의 상황을 보지 못하는 점도 또다른 어려움이다. 전혀 악의 없이 하는 일인데도 파트너 입장에서는 자기만 생각하는 것처럼 보이기 쉽다. 그런 오해를 방지하기 위해서는 상대의 기분이나 제3자의 입장에서 자신의 행동을 돌아보고 수정해 가는 노력이 필요하다. 상대가 불쾌해하는 반응을 보이면, "미안, 몰랐어."라고 솔직하게 사과하는 용기도 필요하다.

자신의 방식에 사로잡혀서 융통성 없이 행동하거나, 기대와 다른 일이 일어나면 공황에 빠져서 혼란스러워하는 것도 파트너와의 신뢰 관계를 해치고 관계를 악화시키기 쉬운 문제다. 특성이기 때문에 노력을 해도 개선되지 못하는 부분도 있지만, 먼저 그런 특성을 자각하는 것이 필요하다. 그리고 나서 자기 나름의 대응 방법을 찾는 것 역시 중요하다. 동시에 파트너에게 자신이 어떤 상황에서 어려움을 겪으며, 그럴 때는 어떻게 대처해 주면 좋을지에 대해 미리 알려 주는 것도 좋은 방법이다.

안전기지가 되기 위해서는?

카산드라증후군은 안전기지가 기능하지 않는 것으로 인해서 생기는 애착 기능 부전이다. 따라서 개선을 하기 위해서는 무엇보다 안전기지의 기능 회복이 필요하다. 즉, 자신의 파트너에게 안전기지가 되어야 하는 것이다. 아스퍼거증후군이나 회피형의 사람에게는 결코 쉬운 과제가 아니다. 그러나 좋은 관계를 획득하기 위해서는 그것에 익숙해져야 한다.

그렇다면 안전기지가 되기 위한 방법은 어떤 것이 있는지 생각해 보자.

안전과 질서를 지키기

우선, 안전기지가 되기 위해서 중요한 것은 상대의 안전을 위협하지 않는 것이다. 비난이나 공격도 바람직하지 않지만, 일방적인 강요나 지배도 관계를 망가뜨린다.

안전은 질서와도 관계가 깊다. 기분이나 태도가 자주 바뀌면서 예측하기 어렵게 만드는 것은 상대의 안전감을 위협할 수 있다. 따라서 상대가 예상할 수 있도록 어느 정도 일관성을 가지는 것이 중요하다.

상대의 안전을 지키는 것과 함께 상대의 주체성을 위협하지 않아야 한다. 과도한 요구를 하거나, 지나친 구속이나 기대를 하는 것도 좋지 않다.

반대로, 상대가 이쪽의 안전이나 질서를 위협하는 것을 허용하지 않도록 하는 것도 필요하다. 안전기지가 된다는 것은 상대가 하라는 대로 하면서 일방적으로 자기희생을 하는 것이 아니다. 특히 파트너와의 관계에서는 대등하지 않으면 관계는 언젠가 깨지기 마련이다. 관용은 중요한 덕목이지만 지나치게 참지 않으면서, 배려해 주기 원하는 것이나 곤란한 점에 대해 솔직하게 전한다. 이런 것을 통해 서로 안전과 질서를 지킬 수 있도록 하는 것이 중요하다.

분노의 말투가 되지 않기 위해 할 일

무엇보다 분노나 공격적인 말투를 쓰지 않고 이성적으로 설명하는 기술이 필요하다. 그 같은 기술이 안전기지가 될 수 있는지의 여부를 결정한다고 해도 과언이 아니다. 분노의 말투는 가장 먼저 마주하는 장애물인 셈이다. 자신이 자각하지 못하는 사이에 분노나 불만이 얼굴이나 목소리로 나타나서 무심결에 공격적인 표현이 드러나는 경우도 많다.

이런 것을 피할 수 있는 한 가지 방법은, 지금 내 앞에 화를 내고 있는 아내가 사실은 자신을 시험하기 위해 모습을 바꾼 여신이라고 생각해 보는 것이다. 화내는 아내가 어떤 말을 하든 다정하게 대답하면 본래의 여신으로 돌아와서 내게 행운을 주지만, 도발에 무너져서 내가 공격을 하는 순간 행운의 여신은 내 곁을 떠나고 말 것이라는 사실을 잊지 말아야 한다.

자신도 알지 못한 내재된 공격성

애착을 안정시키는 데는 상대의 안전을 위협하지 않는 것이 첫 번째 조건이다. 그런데 이것이 자동적으로 생기는 공격성의 문제로 무력화되는 경우가 종종 있다. 공격성은 그 사람의 성격에 깊이 뿌리 박혀 있는 것으로, 자신도 자각하지 못한 사이에 나오는 경우가 많다. 드러나는 공격성이 관계를 손상시키는 것은 자명한 사실이지만, 자신이 자각하지 못한 공격성도 의외로 관계에서 중요한 역할을 한다.

공격성은 크게 세 가지로 나타난다. 첫 번째는 분노와 함께 상대를 비난하는, 강렬한 감정을 동반한 '표면화된 공격성'이다. 사람들 대부분도 이것을 공격성으로 인식하고 있다. 걸핏하면 화내고, 성질이 급하고 감정적이 되어 폭언을 뱉고 마는 경우가 이런 유형의 공격성이라고 할 수 있다.

두 번째는 강한 감정을 동반하는 것은 아니지만 불만이 많거나 빈정거리거나 조롱하듯이 말하는 경우로, 애매하지만 상대 입장에서 보면 비난을 받았다고 느낄 수 있다. 곧이어 불만을 말하거나, 뒷말을 하거나, 가르치듯이 비판하는 경우가 여기에 해당한다. 이런 '불만의 공격성'은 수동 공격성이라고도 하는데, 드러난 공격성은 아니지만 주위 사람에게 스트레스를 주기 쉽다. 보통 불안형 사람들이 평소에 보이기 쉬운 불만이라는 형태의 공격성이다.

세 번째는 요구를 하는 형태로 나타나는 공격성이다. "~해 주세요." "~해 주지 않으면 곤란해요." "~는 어떻게 하실 거예요?"와 같은 말투로, 요구를 하고 있을 뿐인데 상대 입장에서는 자신의 잘못을 비난하고 있다고 느낀다.

회피형의 사람은 직접적으로 분노의 감정을 보이는 일은 적지만 요구라는 형태로 공격성을 드러낸다. 그리고 불안형이라도 언변이 뛰어나거나 요령이 좋은 사람은 요구하는 말투를 쓰는 경우가 많다. 도리나 의무를 앞세우며 다그치기 때문에 반론을 제기하기 어려워서 따를 수밖에 없지만 상대 입장에서 보면 강요당했다고 느껴져서 반발심이 생긴다. 때로는 고집을 부리면서 "싫어." "몰라."라는 거부감을 불러일으키기도 한다. 이 같은 유형의 공격성은 '요구의 공격성'이다. 논리적인 면을 앞세워서 상대를 설득시키려 했기 때문에 상대를 납득시켰다고 생각하지만 상대방은 강요당했다고 느낄 수 있다.

안전기지가 되려면 될 수 있는 한 이런 말투는 피하는 것이 좋다. 공격적인 말투는 물론, 간접적인 불만의 공격이나 논리적으로만 상대를 움직이려는 요구의 공격 역시 지나치면 바람직하지 않다.

자신의 의사소통 방법을 점검해 보는 것이 필요하다. 초조함이나 부정적인 감정에 사로잡히기 쉬운 사람은 자신도 모르게 불만의 공격성을 드러내고 있을지도 모른다. 그러나 그것이 주위 사람들로부

터 자신이 사랑받을 수 있는 기회를 가로막고 있다는 점을 아는 것이
바람직하다.

상호 반응성

안정된 애착의 가장 큰 특징이라고 할 수 있는 것은 상호 반응성이다. 일
방적인 강요가 아니라, 대등한 관계
로 대화하고 상대가 원하는 것에 부응하는 태도가 기본이다. 이런 것
이 이루어지기 위해서는 상대의 반응을 잘 살피고, 진정성이 있는 대
화를 주고받으면서 공유할 수 있는 부분을 늘려 가는 자세를 잊지 말
아야 한다.

독선적으로 결론을 내리려고 하거나 서둘러 결말을 지으려고 하
면, 상호성을 잃고 상대의 감정과 엇나가 버려서 안전기지로서는 실
격하고 만다.

상대의 기분보다 옳음에 얽매이다

카산드라증후군을 일으키기 쉬운 커플은 두 사람 모두 성실한 경
우가 많다. 이들은 성실하기 때문에 어떤 공통된 함정에 빠지기 쉽
다. 상대의 기분보다도 옳은 일을 우선하는 경향이 있다. 이런 경향
은 아내를 카산드라증후군으로 만드는 남편뿐만 아니라, 카산드라증
후군이 된 아내에게서도 보인다.

아스퍼거증후군뿐만 아니라 성실한 사람은 강압적인 경향이 있어서, 어떤 기준이나 규칙에 사로잡혀 '~해야만 한다.'라는 생각이 강하다. 해야 한다는 생각은 감정보다도 옳음을 우선한다. 해야 한다는 생각이 강한 사람은, 때로는 옳음보다 상대의 감정이나 의사를 존중하는 것이 바람직하다는 것을 이해하지 못한다. 틀렸다는 것을 알더라도 상대의 감정을 배려해서 그대로 두거나, 스스로 알아차리도록 기다리는 것에 익숙하지 않다.

자기도 모르게 옳은 답에 집착하고 만다. 따라서 자신의 경험이나 기준에 비추어 봤을 때 이렇게 하는 편이 좋다는 결론을 상대에게 강요한다. 자신에게는 옳은 결론이었을지 모르지만, 상대 입장에서는 핵심에서 벗어난 도움이 안 되는 조언일 뿐이라는 것을 모른다. 그 결론이 반드시 옳다고 믿으면서 하게 되는 강요는 상호 반응이라는 안전기지의 조건에서 빗나가기 때문에 카산드라적 상황을 만든다.

공감 반응

세 번째의 조건은 공감 반응으로, 인간만이 가지는 보다 수준 높은 안전기지의 조건이다. 상대의 입장에서 감정을 생각할 수 있는지가 안전기지의 여부를 좌우한다. 이것은 넘어야 할 높은 허들과도 같다. 장애물인 것이다. 상대와 같은 기분이 되지 못하더라도 상대의 기분을 이해하려는 노력은 안전기지가 되기 위해서는 반드시 필요하다.

안전기지가 되지 못하는 사람은 자신의 상황에 사로잡혀서, 상대의 입장에 서서 유연하게 생각하지 못한다. 카산드라적 상황에서는 남편뿐만 아니라 아내에게도, 상대의 입장에서 생각해 보는 상상력이 취약하다. 이런 점을 강화하는 훈련은 카산드라증후군을 극복하는 데 중요한 과제다.

상대를 이해할 뿐만 아니라, 자신도 상대로부터 이해받는 것이 중요하다. 그러기 위해서는 상대에게 공감받기 위한 노력이 필요하다. 자신의 감정을 이해시키는 능력을 기를 필요가 있다. 공감 반응이 높은 사람은 상대의 감정을 잘 이해할 뿐만 아니라, 자신의 감정을 상대에게 이해시키는 능력이 뛰어나다.

파트너가 기분을 알아주지 않는다고 한탄하지 말고, 자신이 감정이나 상황을 전하려는 노력을 소홀히 하고 있지 않은가를 되돌아보아야 한다. 만약 그런 점이 부족하다고 판단되면 앞으로 언급할 대처가 도움이 될 것이다.

성실한 접촉이 애착을 안정시킨다

사이가 좋았던 때를 떠올려 보기 바란다. 하루에 몇 번씩이나 연락을 주고받았을 것이다. 그런데 시간이 지나면서 점점 간격이 벌어지면서 여러 날 동안 연락을 하지 않는 것이 흔한 일이 되어 버렸다. 그것은 어느 정도 관계가 편안해지고 안정되었기 때문일 수도 있다. 그러나 불안형인 사람은 끊임없이 애정을 확인하지 않으면 안심이 되지 않는다. 적당한 간격을 가지는 것은 바람직한 일이지만 모든 일에는 적정선이 있다. 간격이 지나치게 벌어지면 자신에게는 관심이 없으며 방치되고 있다는 감정을 가질 수 있다.

그런 지경에 이르렀는데도 상대가 어떤 반응도 하지 않는다면, 상대는 이미 탈애착이 일어나고 있을지도 모른다. 파트너에게 기대하는 것을 포기하고 그 사람을 의지할 대상으로 보지 않는 것으로, 파트너의 무관심에도 무감각해진 것이다.

상대가 자신을 의지하지 않아서 편하다고 느낄지도 모르겠지만, 의지하기를 포기한 만큼 스트레스나 짜증이 쌓이기 쉽다. 때로는 다른 것에 의존하여 풀기도 한다. 어떤 것을 계기로 드러내는 상대를 향한 격한 분노나 적의에 사람들은 당황할지도 모른다. 자신은 성실하게 해야 할 일은 하고 있는데, 어째서 이런 비난이나 욕설을 들어야 하는지 이해가 가지 않을 때도 있다. 하지만 그것은 어떤 의미에서는 당연한 결과다.

많은 사람이 메일이나 문자로 연락을 주고받는 행위에 열중하는 것은 안심감을 유지하는 구조와 관련되어 있기 때문이다. 서로 반응하는 것이 애착을 유지하는 생명선인 것이다. 자주 연락을 하지 않아서 자유롭다고 생각하는 것은 회피형의 감각이다. 반대로, 불안형 아내는 계속 무시받고 있다고 느끼는 스트레스가 임계점에 도달해 있다.

귀가 시간을 알려 주는 연락만으로도 효과적

그렇기 때문에 보다 좋은 관계를 가지고 싶다면 반응을 늘리는 것이 필요하다. 꾸준히 연락하고, 연락이 오면 성의 있는 답변을 한다.

아내와의 관계가 삐걱거리기 시작한 남편들에게는 귀가하기 전에 연락하라는 조언을 많이 한다. 아내는 식사 준비를 어떻게 할까를 고민하면서 남편이 돌아오는 시간을 기다리는 경우가 많다. 음식을 만드는 쪽에서는 가장 맛있는 상태에서 먹어 주기를 바란다.

그런데 귀가 시간이 다 되어서 "늦어서 밥 먹고 들어갈게."라는 연락을 받으면 열심히 만든 그동안의 노력이 헛수고가 된다. 그런 일이 반복되면, 아무리 애정이 깊었던 아내라도 남편을 위해 시간과 노력을 들이는 것을 허무하다고 느낀다. 반대로, 간단한 연락만 해 줘도 자신의 기분이나 힘든 점을 알아준다고 안심한다. 형편이 되면 위로의 말이나 다정한 말 한마디를 덧붙이면 더욱 좋다. 바빠도 그 같은 말로 배려를 함으로써 신뢰 관계는 곤고해질 수 있다.

아내와의 관계가 좋은 남성은 이런 배려를 꾸준히 한다.

소소한 사정을 설명하는 힘

하루하루 살아가다 보면 생각처럼 일이 잘 안 풀리거나 상대의 감정을 상하게 하는 일도 벌어진다. 예상하지 못한 일이 생겼을 때, 그것이 관계를 악화시키는 계기가 될지 여부는 상황을 충분히 설명하는 노력을 하는지에 달렸다.

사업상 어떤 어려움이 발생하면, 사정을 설명하기 위해 곧바로 달려가서 사과하거나 수습 방안을 강구한다. 그런데 파트너와의 관계에서는 그런 수고를 생략해 버리는 일이 많다.

애착이 안정형인 사람은 사정을 제대로 설명하면서, 파트너가 불쾌하거나 오해해서 화가 나는 것을 조금이라도 줄이려고 한다. 그것이 배려다. 불안형인 사람은 상대의 걱정을 배려하기보다 자신의 걱정을 털어 내기 위해서 무슨 일이 생겼는지에 대해서는 지나칠 정도로 상대에게 전하려고 한다. 그에 비해 회피형인 사람은 그런 수고를 귀찮아하면서 아무것도 하지 않는다. 문제가 발생하여 상대가 걱정하는데도 아무런 설명도 하지 않은 채 자기의 페이스대로 행동한다.

안절부절못하면서 제대로 된 설명을 기다리는 불안형 파트너 입장에서는 자신의 걱정에 대해 배려받지 못하는 것처럼 느낀다. 그러므로 불안형 아내에게는 상황을 자세하게 설명하면 할수록 두 사람의 신뢰가 두터워진다.

집안일을 함께해서 아내의 부담을 줄인다

아내가 카산드라증후군이 되는 것을 방지하기 위해 집안일을 하면서 아내의 부담을 줄여 주려고 노력하는 것도 도움이 된다. 그것은 한밤중에 귀가하는 사람이 과로사할 정도로 집안일을 하라는 의미는 아니다. 건강 유지를 위해서 수면을 우선할 필요도 있다. 중요한 것은, 할 수 있을 때는 스스로 나서서 하려는 자세를 보이는 것이다.

아내를 배려하는 마음과 감사하는 마음을 가진 사람은 자연스럽게 그런 행동을 한다. 시간적 여유가 있어도 자신이 하고 싶은 일만 하고 집안일이나 잡다한 일은 자신에게 미루는 태도를 아내가 매일 경험한다면, 그것이 누적되면서 분노의 괴물

집안일을 하면서 아내의 부담을 줄여 주려고 노력하는 것도 도움이 된다

로 변한다. 누구도 그렇게 되고 싶지는 않을 것이다. 아내의 입장에서는 불공평하고 부당하게 참도록 강요당해 온 결과, 한계를 넘었다고 호소할 것이다.

그렇게 되지 않기 위해서는 기회가 될 때마다 배려나 감사의 마음을 가지고 아내의 부담을 줄이려고 노력하는 것이 필요하다. 솔선해서 집안일을 하고, 그렇게 하여 남은 시간을 같이 즐기려는 자세가 애정을 높일 수 있다.

어차피 할 거라면 억지로 하는 것이 아니라 배려나 감사의 기분에 비중을 두면 좋다. 자신의 건강과 기능을 약화시키지 않기 위해서 하는 것이라고 기분 좋게 생각하면 여러 가지 좋은 점을 누릴 수 있다.

경고 사인으로 위험을 알린다

관계가 험악한 커플이라도 일 년 내내 싸우는 것은 아니다. 1주일에 한 번, 한 달에 네 번 정도 크게 싸운다면 상당한 위기 상황이라고 할 수 있다. 대부분 큰 싸움이 일어난 후에는 양쪽 모두 반성하면서 며칠간 비교적 괜찮은 관계를 유지한다. 때로는 몇 주 동안 평온한 날들이 지속되기도 한다.

그런데 서로 기분이 안 좋거나 피로가 쌓이면 사소한 것이 계기가 되어 다시 서로를 비난하기 시작한다. 설령 그것이 한 달 만에 일어난 싸움이라도, 그동안의 평화로운 시기는 무의미하게 되어 다시 부정적 모드가 작동한다. '전혀 변하지 않았어.' '노력한 의미가 없어.' '빨리 헤어져야지.' '어디론가 가 버려.'와 같은 극단적인 결론을 내뱉고 만다.

하지만 원인을 찾아 거슬러 올라가 보면, 기분이 안 좋았거나 피로가 쌓였을 뿐이다. 그런 우발적인 충돌에 의해 관계가 나빠져서 이혼까지 이르는 것은, 어떤 의미에서 보면 허무하고 큰 손실이다.

*경고 사인의 예

「○○에게

오늘은 피곤해서 짜증이 쉽게 날 것 같아요.

꼭 필요한 게 있으면 말해도 좋지만, 짧게 말해 주면 고마울 것 같아요.

사랑을 담아서 □□가」

「□□에게

오늘 한 가지 의논하고 싶은 게 있어요.

언제 이야기하면 좋을지 알려 주면 고맙겠어요.

사랑을 담아서 ○○가」

그것을 방지하기 위해서 생각해 낸 아이디어가 바로 경고 카드나 경고 사인이다. 이것은 오늘은 피로가 쌓였다거나 수면 부족으로 짜증이 나기 쉬운 '위험한 날'이라는 것을 알리는 방법이다. 사인이나 카드를 사용하는데, 그것을 제시하면 파트너를 배려해서 될 수 있는 한 다정하게 대하도록 노력한다. 양쪽 모두가 경고 사인을 제시했다면, 그날은 최소한의 대화만 주고받고 일찍 잠자리에 드는 규칙을 정해 둔다. 그렇게 함으로써 기분이 안 좋을 때 상대를 끌어들이는 것

카산드라증후군

158

을 피할 수 있다.

경고 사인 이외에, 의논하고 싶은 것이 있을 때 쓰는 카드도 활용하면 좋다. 회피형인 사람은 자신이 먼저 의논하자는 말을 하기를 어려워해서 의사소통을 제대로 못 하고, 그것으로 인해 관계의 균열을 만들기도 한다.

알코올이나 약물은 공감 반응과 감정 통제에 영향을 준다

알코올이나 약물로 인한 영향을 특히 주의해야 한다. 알코올이든 항불안제나 수면제든, 탈억제 작용으로 인해 감정 통제가 되지 않을 위험이 있다. 평소라면 말하지 않았을 것도 술이나 약물이 들어가면 말해 버리는 경우가 있다. 공감 반응이 저하되어 상대의 감정을 배려하지 않고 말을 툭툭 뱉는 일도 생긴다.

알코올은 제대로 사용하면 서로의 기분을 좋게 만들어 주거나 친화적으로 만들어 주는 데 도움이 된다. 그러나 스트레스나 피로가 쌓였을 때는 흔히 말하는 '술주정' 때문에 해서는 안 될 말을 하여 상대에게 상처를 주거나, 생각지도 못한 큰 싸움을 초래하기도 한다. 나중에 왜 싸웠는지 생각해 봐도 딱히 생각나는 게 없을 정도로 별 것 아닌 이유로 돌이킬 수 없는 큰 싸움이나 폭력 사태로 이어질 수도 있어서 각별한 주의가 필요하다.

그리고 어느 한쪽만 술을 마신 경우, 두 사람 사이에는 기분의 고조에 차이가 있기 때문에 한쪽의 입장에서 보면 혼자 남겨진 것 같은 느낌이 들 수 있다. 음주를 자주 하는 어머니는 자녀를 방임하기 쉬운 것처럼, 혼자서 술을 마시는 남편 역시 아내에 대한 방임을 초래하기 쉽다.

인간으로서 친절하게 대한다

부모 자녀 사이든 부부 사이든, 일단 관계가 나빠지면 타인보다 못한 관계가 될 수 있다. 타인이라면 적어도 일부러 화를 돋우거나 드러나게 거부하지 않는다. 그런데 친밀한 관계일수록 관계가 틀어지면 애증의 관계로 바뀌면서 미움이 훨씬 심해진다.

양가적 애착은 그 같은 경향이 더욱 강해서, 기대가 큰 만큼 기대에 미치지 않으면 심한 분노를 느끼면서 형편없는 존재로 취급해 공격을 퍼붓는다. 그런 상태가 되면 다정하게 대하라는 주위의 조언을 실행에 옮기기는 쉽지 않다. 이성적으로는 이해해도 상처받은 감정이 거부 반응을 보이면서 다시 공격적이 된다.

그런 경우, 다정하게 대하라고 강조하는 것은 높은 허들을 넘어야 하는 것과 같다. 관계가 악화된 경우라면, 다정하게 대하지는 못해도 어떤 사람에게 할 수 있는 정도의 친절을 베풀자는 것을 목표로 삼는 것이 현실적이다. 사람들은 그 정도라면 어떻게든 해 볼 수 있겠다고 하면서 노력하는 경우가 많다.

화를 나게 만들기만 하던 상대도 마음이 외롭고 상처받은 상태라고 생각하면 나와 다르지 않다고 느낀다. 어쩌면 상대도 사이좋게 지내고 싶어 한다고 생각할 수도 있다. 하지만 상처받은 자존심과 고집 때문에 솔직하게 대하기 어려울 뿐이다. 그래서 본의 아니게 애정보다 적의를 드러내기도 한다. 그렇기 때문에 가장 가까운 반려자나 가족한테조차도 사랑받지 못한다. 비참한 상황으로 자신을 내몰고 있는 것이다.

이렇게 생각하면서 불쌍히 여긴다면 상대를 친절하게 대하는 것은 그다지 어려운 일이 아니다. 그것은 한 인간으로서 자신의 따뜻한 마음을 잃지 않는 것으로, 아무리 상처받더라도 그런 따뜻함까지 잃을 필요는 없기 때문이다.

가족회의 및 가족모임을 권유한다

최근, 영국을 중심으로 발전해서 주목받고 있는 방법은 가족회의이다. 조현병 등 정신장애를 겪고 있는 가족은 가정 내의 갈등이 고조되기 쉽고, 이것은 증상을 더욱 악화시키는 악순환으로 이어진다. 그것을 방지하기 위해 도입한 방법이다.

담당자(사례관리자나 상담자, 사회복지사 등)가 가족을 방문하여 가족회의를 진행한다. 가족 모두가 참가하는 것이 원칙이지만, 형편에 따라 참가하지 못할 수도 있다. 사회자와 서기를 정하여 회의 동안 나눈 이야기를 기록해 둔다. 처음에는 담당자가 사회자의 역할을 해도 좋으나, 점차 가족이 그런 역할을 할 수 있도록 지도한다.

이야기를 나눌 주제는 가족 모두가 제안할 수 있다. 곤란한 일이나 가족과 함께 이야기해 보고 싶은 것이 있으면 각자가 이야기를 꺼내어 그것에 대해서 의견을 낸다.

간단한 방법이지만 상당히 효과적이었다. 증상의 악화를 방지하는 것뿐만 아니라, 가족 관계가 개선되는 부수적 효과도 있었다.

저자는 그러한 방법을 발달장애나 애착장애에 관련된 여러 문제(부모 자녀 관계 문제, 경계성 성격장애, 의존증, 섭식장애, 기분장애, 은둔형 외톨이 등)를 겪고 있는 가족에게도 적용해 오고 있다. 카산드라증후군과 같은 부부 관계 문제에도 유용하다고 생각한다.

시도해 보고자 하는 마음이 있으면, 전문가가 반드시 참여하지 않아도 가능하다고 생각한다. 실제로 경험한 사람들에 의하면, 대화를 할 기회가 늘면서 관계가 좋아졌다고 한다. 실행 방법에 관해서 염두에 두면 좋은 점을 언급하고자 한다.

가족회의의 목적은 누군가를 추궁하거나 어떤 것을 결정하는 것이 아니라, 함께 생각하고 문제를 공유하는 데 있다. 그것이 일반적인 회의와 다른 점이다. 따라서 발언을 할 때는 누군가를 탓하거나 책임을 추궁하거나 결론을 강요하는 말투를 사용해서는 안 된다. 상대의 의견을 듣고 공감한 후에 자신의 생각이나 의견을 말한다. 그러나 자신이 언급한 생각이나 의견을 상대에게 강요하지 않는다. 상대에게 분명한 잘못이 있을 경우에도 본인에게 어떤 사정이었는지를 들으면서 어떻게 생각하는지에 대해 먼저 언급하도록 한다. 그다음에 이야기를 들은

> 가족회의의 목적은 누군가를 추궁하거나 어떤 것을 결정하는 것이 아니라, 함께 생각하고 문제를 공유하는 데 있다

가족의 느낌이나 의견을 말한다. 상대를 혼내거나 토론으로 압도해 가면서 다수결로 무언가를 결정하지 않는다. 무언가를 결정할 필요가 있을 때는 모두가 납득하는 것을 원칙으로 삼는다. 그렇게 될 때까지 결론을 서두르지 않고 끝까지 이야기를 나눈다. 자신의 의견만 말하는 것이 아니라, 상대의 생각을 듣는 것도 중요하다. 각자의 생각을 존중하면서, 공유할 수 있는 부분을 늘려 간다.

함께하는 상담자의 역할은 이러한 규칙이 지켜지고 있는지 살피는 것이다. 만약 분위기가 나빠지거나 누군가가 상황을 조종하려는 발언을 하면, 그것을 지적하여 의사소통하는 방법을 바꿀 수 있도록 격려한다.

부부 사이에서 하는 회의라면 상담자 역할을 자녀나 조부모, 지인이 할 수도 있다. 부부 이외의 사람이 있음으로 인해서, 제3자의 관점에서 "그 말투, 비난하는 것 같아."라거나 "화 내지 말고 말해."와 같이 자연스러운 형태로 피드백할 수 있기 때문에 감정적이 되어 흥분하는 것을 방지할 수 있다.

정기적으로 그런 기회를 가짐으로써, 충분히 이야기할 수 있다는 안심감이 생긴다. 부부는 서로 무슨 생각을 하고 있는지, 어떤 점에서 불만이나 불안을 느끼는지를 잘 아는 것 같지만 의외로 알지 못하는 경우가 많다. 그것을 말로 표현하고 제대로 듣는 것만으로도 감정을 공유하기 쉬워져서 삐걱대는 일이 줄어든다.

절대로 감사와 위로를
잊지 않는다

　부부 관계라는 것은 익숙해지면 익숙해질수록 서로에 대한 고마움을 잊어버리기 쉽다. 상대가 주는 커다란 배려도 알아채지 못한 채 당연시 여기면서 오히려 불만이나 잘못에만 주목한다. 하지만 이 장의 첫부분에서 말했듯이, 그것을 잃고 나서야 얼마나 큰 손실이었는지 깨닫게 된다.

　보살핌을 게을리 한 대가로 애정은 점점 옅어져 가고, 어느덧 정반대의 분노나 미움으로 바뀐다. 애정을 바라는 마음이 많은 불안형 아내일수록 그 차이를 크게 느낀다. 그것은 다정함과 배려가 없었던 결과이다. 서운한 점을 보는 것이 아니라, 자신이 지금까지 받은 보살핌에 눈을 돌려 감사와 위로의 마음을 잊어버리지 않아야 한다.

> 서운한 점을 보는 것이 아니라, 자신이 지금까지 받은 보살핌에 눈을 돌려 감사와 위로의 마음을 잊어버리지 않아야 한다

　감사하는 마음을 가지는 것은 우울증을 예방하고 인생을 긍정적으로 살 수 있도록 만드는 원동력이다. 아내뿐 아니라, 궁극적으로는 자기 자신을 구원하는 결과가 된다.

제**7**장

아내가 할 수 있는 것-
다정한 남편으로 변화시키기 위해

이 장에서는 카산드라증후군에서 벗어나기 위해 아내 자신이 할 수 있는 것을 생각해 보고자 한다. 남편의 장애수준이나 갈등의 정도에 따라 아내가 할 수 있는 것도 달라질 것이다. 여기서는 3단계로 나누어 설명하고자 한다.

1. 안전기지가 되기 위한 시도

특성에 대한 이해가 필요하다

아스퍼거증후군이나 회피형의 사고방식이나 행동의 원인은 그렇지 않은 사람과는 상당히 다르다. 아스퍼거증후군의 경우는 마치 다른 별에 살고 있는 것으로 비유될 정도로 기준이 다르다. 많은 엇갈림과 스트레스는 다른 기준을 이해하지 못한 채로 상대에게 자신과 같은 상식을 요구하는 것에서 비롯된다. 따라서 필요한 것은 파트너의 특성을 잘 이해하여 그 사람의 행동 원리나 사고 패턴을 적절한 수준에서 존중하면서 함께하는 것이다.

아스퍼거증후군의 경우

아스퍼거증후군은 기분을 예측하는 능력이 약하고, 상대의 입장에서 생각하거나 같은 감정을 공유하기 어려운 특징을 가지고 있다. 그렇기 때문에 무신경한 말을 하면서, 위로하는 반응을 하지 않는다. 이것은 파트너에 대한 공감 반응 부족에서 기인하는 것으로, 결코 악의가 있어서 그런 것은 아니다.

근시가 심한 사람이 상대의 얼굴이 잘 안 보여서 상대의 반응을 알아채지 못하는 것처럼, 마음의 시력이 약해서 상대의 마음이 잘 보이지 않는 것이다. 그 부분을 아무리 비난해도 본인의 입장에서는 어떻게 할 수 없다. 오히려 스트레스만 받게 된다.

예민하고 신경질적인 경향이 강한 특성은 본인의 입장에서도 상당히 심각한 문제다. 당사자가 느끼는 불안이나 고통을 가볍게 여기면서 "그런 걸 신경 쓰는 게 이상해."라는 반응을 하면, 이해받지 못하는 것 때문에 점점 고통을 느끼게 된다. 따라서 그 같은 감정을 인정하면서 될 수 있는 한 배려를 하는 게 좋다. 때로는 큰 목소리나 높고 날카로운 웃음소리, 감정이 실린 말투에도 스트레스를 받는다.

잦은 갈등의 원인은 갑자기 계획을 바꾸거나 예상외의 사태가 발생할 때 일어난다. 감정을 쉽게 바꾸기 어렵기 때문에 혼란스러워하거나 화를 낸다. 그때 재촉이나 비난을 하면 더욱 심각한 상황이 벌어진다.

예고 없이 계획을 변경하는 일은 되도록 피하거나 미리 알려 주는 것이 좋다. 부득이한 경우에 계획을 바꾸게 된다면 충분히 배려하면서 전한다. "정말 미안한데"나 "급해서 그런데 정말 미안해." 같은 말을 덧붙이기만 해도 당사자가 받을 스트레스는 완화된다. 어떻게 하면 좋을지 몰라서 혼란스러워할 때는, 괜찮다고 안심시킨 후 구체적으로 이렇게 하면 좋다고 조언을 덧붙이는 것이 필요하다. 몰아세우지 않고 대응하는 것이 기본이다.

또한 아스퍼거증후군은 일단 무언가를 시작하면 다른 일로 전환하는 것을 힘들어하면서 계속하려는 경향이 있다. 그것을 무리하게 멈추려고 하면 심하게 화를 내는 경우도 있다. 본인의 타이밍을 존중하는 편이 상황을 자연스럽게 전환할 수 있다. "앞으로 얼마나 걸려?" 하고 본인의 계획을 묻고, "그럼 그 시간에 알람을 맞춰 둘게."라고 반응하는 것이 서로 스트레스를 받지 않는 현명한 방법이다.

특유의 집착이나 사소한 부분을 신경 쓰는 경향도 "우와, 그렇게 생각하는구나." 하고 당사자가 받아들일 수 있는 방법으로 이해하고 있다는 것을 알린다. 그러고 나서 다르게 느낄 수 있는 방법이나 선택도 있다는 것을 조심스레 제시할 때 그들은 훨씬 받아들이기 편하다.

회피형의 경우

회피형인 사람은 거리를 두는 관계가 마음이 편하고 자기답게 있을 수 있다. 지나치게 가까운 관계는 부담스럽게 느낀다. 사이좋고 화기애애한 스스럼없는 관계도, 회피형인 사람에게는 그다지 편하지 않은 경우가 있다. 필요에 따라 만나는 사무적인 관계를 더 편해하기도 한다.

신체 접촉을 하거나 함께 공동 작업을 하는 것도, 편안함이나 즐거움보다 고통이나 스트레스로 느끼기 쉽다. 여러 사람이 왁자지껄하면서 즐거워할수록 소외감을 느낀다.

결혼해서 가정을 꾸리고 자녀를 키우는 것은 꿈꾸는 미래라고 생각하기보다 귀찮은 책임과 부담이 늘어나는 것이라고 느낀다.

사람에게 마음을 열거나, 비밀이나 고민을 털어놓고 이야기하는 것도 홀가분한 느낌이 아니라 오히려 고통스러울 수 있다. 사회인으로서 인정받기 위해서 무리하게 사교적으로 행동하는 경우도 있지만, 마음에서 우러나서 하는 일이 아니기 때문에 어딘가 어색하고 위화감이 느껴진다. 회피형 애착 유형을 겪고 있는 사람과, 신체 접촉이나 친밀한 감정의 교류를 과하게 필요로 하는 불안형인 사람과는 존재 방식이 전혀 다르다. 그러나 함께 어울리는 경험을 통해 공감의 회로가 자라나며 점차 즐길 수 있게 된다. 따라서 고통이 되지 않는 범위 내에서 조금씩 도전을 해 보는 것도 좋을 것이다. 그렇다고 해서 도전하는 게 당연하다는 태도는 역효과를 초래하면서 오히려 거리가 생기기 쉽다. 본인의 행동 유형도 고려하면서 점차 공유할 수 있는 부분을 늘려 가는 것이 바람직하다. 그러나 행동 방식이나 가치관에서 지나치게 다른 점이 있어서, 공유할 부분을 찾기 어렵다면 다음 단계의 대처가 필요하다.

악순환에 빠지지 않기 위해서

전형적인 카산드라증후군은 아스퍼거장애나 회피형인 남편의 공감 반응이 부족해서 불안형인 아내(또는 불안형이 되어 버린 아내)가 애정결핍으로 괴로워하고 남편에게 분노를 터뜨려서 남편과의 관계가 더욱 나빠지는 악순환에 빠진다. 애정을 원하기 때문에 상대를 공격하면서 궁지에 몰아넣는다. 이때 회피형인 남편은 더욱 심하게 자기방어를 하고 자기만의 세계로 빠져들면서 아내에게서 등을 돌린다. 아내가 지나치게 애정을 요구하여, 역으로 애정을 잃고 마는 것이다. 원하면 원할수록 관계는 악화되고 분노와 실망만 소용돌이치게 된다.

이런 악순환은 스스로 자신의 목을 죌 뿐만 아니라 파트너의 숨통을 조르는 셈이다. 파트너는 좋은 관계를 재구축하려고 협력을 하기보다는 언제 또 비난을 받을까, 아내가 또다시 분노를 터뜨릴까 겁을 내고, 소극적이 되어 자신의 생각을 감춘다. 원하는 공감이나 애정과는 점점 멀어지는 것이다. 이런 상황을 개선하기 위해서는, 마음에 들지 않거나 자신의 생각과 다르게 행동하는 것에 분노를 느끼면서 상대를 비난하는 것을 멈출 필요가 있다.

안전기지의 제일 첫 번째 조건은 안전을 위협하지 않는 것이다. 그렇기 때문에 먼저 상대에 대한 비난의 빈도를 줄여야 한다. 본인은 잘 깨닫지 못하지만, 불만이나 푸념을 늘어놓는 '불만의 공격'이나 요구하는 듯한 말투인 '요구의 공격'도 상대 입장에서는 비난과 동일하게 느껴질 수 있다. 그것은 직접적으로 공격하는 것과 같은 결과를 초래할 수 있기 때문에 조심해야 한다.

혹시 상대가 비난이나 불만을 드러내는 말투나 요구하는 말투로 말하면, "비난하는 말투는 서로 그만두자." "조금 더 다정하게 말해주면 고마울 텐데."라는 말로 공격을 피하는 노력을 해야 한다.

안전기지를 쟁취하기 위해 내가 먼저 안전기지가 된다

관계가 삐걱대기 시작했을 때, 많은 경우는 남편 쪽도 스트레스가 쌓이면서 여유가 없어지며 아내와의 관계도 악화되어 안팎으로 안전기지를 잃어버리는 상황이 된다. 업무로 인한 스트레스나 책임이 늘어서 다른 건 돌아볼 겨를이 없을 때, 아내가 불만을 터뜨리고 비난을 퍼붓기 때문이다. 가정에서도 스트레스를 받는다. 그 결과, 다정함과 애정과는 점점 멀어진다.

아내 역시 남편이 안전기지로 기능하지 못하기 때문에 부담이나 스트레스가 늘어나고 다정함에 굶주려 있다. 그 같은 상황은 남편도 마찬가지다. 밖에서 일을 하면서 즐거워하는 것처럼 보이지만, 회피형인 남편은 사람과 사귀는 그 자체가 커다란 스트레스다. 아내는 돌아오자마자 컴퓨터나 스마트폰으로 도망치는 남편의 모습에 화가 나지만, 회피형 남편의 입장에서는 평온함을 위해 잠시 혼자의 시간을 가지는 것이 필요하다고 주장한다. '하고 싶은 것만 하면서.'라고 비난하고 싶어지겠지만, 그것은 남편에게서 휴식을 빼앗는 것이 되어 더욱 스트레스를 주는 결과가 된다.

서로를 돌보고 스트레스를 줄이는 관계가 필요하다. 그러나 앞에서도 말한 것처럼 회피형인 남편과 불안형인 아내는 스트레스를 받았을 때의 반응이 상반되기 때문에, 서로 불만이 드러나는 경우가 많아서 해결 방법을 공유하기는 쉽지 않다. 안타깝게도 상대에게 안전기지가 되어 주기를 요구하면 할수록 짜증이 난다.

이런 어긋남을 어떻게 하면 개선할 수 있을까?

잘 지냈을 때의 일을 떠올려 보면 도움이 된다. 그때는 자신보다도 파트너에게 더 신경을 썼을 것이다. 조금만 피곤해 보여도 "괜찮아?" 하고 말을 걸었다. 그러다가 바쁘다는 핑계로 또는 여러 사정으로 하지 않게 되었다. 공감 반응이 줄면, 애착은 약해지기 마련이다. 그런 종착역이 현재의 상황이다.

그 상황을 바꾸기 위해서 필요한 것은 불만을 말하거나 비난하는 것이 아니라 공감 반응을 늘리는 것이다. 상대에게 요구하기 전에 자신이 파트너의 안전기지가 되기 위해 노력

> 상황을 바꾸기 위해서 필요한 것은 불만을 말하거나 비난하는 것이 아니라 공감 반응을 늘리는 것이다

해야 한다. 애착은 상호적인 현상이며, 자신이 상대의 안전기지가 되려고 노력하면 신기하게도 상대도 이쪽의 안전기지가 되려고 한다.

비난하고 싶어졌을 때, 위로의 말을 건넨다. 불만을 말하고 싶어졌을 때, 감사의 말을 전한다. 마음속에서 우러나는 것이 아니어도 좋다. 표면적이라도 공감적 반응을 늘리려고 노력해야 한다. 하고 싶은 말이 있더라도 갑자기 말하지 않는다. 먼저, 상대의 기분을 편하게 하여 안전기지라고 생각할 수 있도록 하는 것이 중요하다. 상대를 소중하게 여겼던 때는 의식하지 않고 그런 배려를 했을 것이다. 그 시절로 되돌아가려는 노력이 필요하다.

관계가 상당히 뒤틀려 있지 않은 한, 효과는 즉각적으로 나타날 것이다. 남편의 표정에서 경직된 긴장감이 사라지고 웃음과 다정함이 드러날 것이다. 남편 역시 다정함과 배려에 굶주려 있었던 것이다.

회피형인 남편과 의사소통을 잘하기 위해 필요한 것

그렇다고 해도, 남편 상황만 우선하고 아내가 하고 싶은 말을 무조건 참아서는 당연히 잘 지낼 수 없다. 남편이 아내의 말에 귀를 기울이는 것도 필요하다. 그러나 불안형 아내가 흔히 하는 것처럼, 남편이 돌아오자마자 자신의 불만이나 곤란한 점을 기관총처럼 발사하는 것은 피곤에 절어서 귀가한 남편의 입장에서 보면 막다른 골목으로 몰아세우는 느낌이 들 것이다.

그래서 남편이 성가신 듯한 태도를 취하면 아내는 그 태도에 분노를 터뜨리고 남편을 더욱 몰아세우는데, 이것은 회피형 남편을 더욱 더 위축시키면서 회피하게 만들어 결과적으로 남편이 아내와의 접촉을 피하게 된다. 일이나 취미를 도피처로 삼으면서, 그곳을 안전기지로 삼고 어떻게든 자신을 지키려고 한다. 이런 시간을 거치면서 두 사람 사이의 틈은 점점 벌어지게 된다.

그렇다면 의사소통을 할 때 어떻게 해야 회피형이나 아스퍼거증후군의 남편과도 대화를 잘하고 마음을 공유할 수 있게 되는 것일까?

우선은 앞 항목에서도 말했던 것처럼, 남편의 스트레스도 고려하여 남편의 상황이나 타이밍도 어느 정도 존중해야 한다. 그다음 "이야기를 좀 들어 줬으면 좋겠는데." 하고 양해를 구하면서 이야기를 한다. 상대의 사정이나 의사를 존중하는 대화 방식만으로도 남편의 반응은 달라질 수 있다.

경고 사인을 사용하는 것도, 남편에게 협력을 얻기 쉬워진다. 메일이나 문자를 쓰거나, 6장에서 소개한 것처럼 카드를 활용해서 다음과 같은 내용을 전달하면 좋다.

「피곤할 텐데 미안하지만, 들어 줬으면 하는 이야기가 있어요. 오늘 밤에 괜찮아요? 혹시 어려우면 언제 시간이 괜찮을지 말해 줄래요? 도와주세요. 부탁해요.

-사랑을 담아서 ○○가」

경고 사인을 사용할 때 남편에게 이것은 특별히 주의를 필요로 하는 상황이라고 알려서 미리 마음의 준비를 함으로써 진지한 대응을 하도록 도울 수 있는 이점이 있다. 일상의 연장으로 그저 불만이나 푸념을 늘어놓으면, 아스퍼거증후군이나 회피형에게는 어떤 것이 중요한지 알기는커녕 단지 성가시다는 느낌만 강해질 뿐이다. 이것은 중요한 것이라고 명확하게 알려 주는 편이 그에 걸맞은 반응을 끌어낼 수 있다. 그 이외의 시간에는 푸념이나 불만을 자제하며, 남편으로 하여금 불필요한 스트레스를 받지 않도록 하며 관계를 안정적으로 이끈다.

또한 6장에서 소개한 가족 회의 및 모임을 활용하는 것도 좋다. 서로 상담자가 된 것처럼, 전반과 후반으로 나눠서 이야기를 들어 주는 것도 효과적이다. 제대로 이야기를 들어 준다는 안심감이 생기면 평소의 스트레스를 크게 줄일 수 있다.

이야기를 들을 때는 철저한 안전기지가 되어 비판하거나 평가하지 않고, 상대가 물어보지 않으면 조언을 하거나 섣부른 결론을 내리는 것을 피한다. 이야기를 나눌 때는 다음에 제시되는 의사소통 규칙을 보이는 곳에 놓아두고, 서로 공감적인 의사소통을 할 수 있도록 주의해도 좋을 것이다.

● 공감적인 의사소통을 위한 규칙

① 한 사람만 계속 발언하지 않고, 순서대로 균형 있게 발언할 수 있도록 배려한다.

② 상대의 발언에는 주의와 관심을 가지고 진지하게 듣는 자세를 보인다.

③ 상대의 발언에 갑자기 반론을 하거나 부정을 하지 않고, 우선 받아들인 후에 자신의 감정이나 생각을 말한다.

아스퍼거증후군인 남편은 말해 주지 않으면 모른다

아내의 입장에서는 말을 너무 많이 하면 남편이 귀찮아할까 봐, 알아서 눈치채 주기를 바라는 적도 많다. 넌지시 암시하기도 하지만, 일반적으로는 분명하게 말하지 않는다.

그런데 아스퍼거증후군에게는 애매한 전달 방법이 통하지 않는다. 문자 그대로만 이해하는 부분도 있어서, 언어 이외의 뉘앙스를 이해하기 힘들다. "냄비 좀 봐 줘."라고 했는데, 타는 냄새가 나도 그저 보고만 있었다는 우스갯소리 같은 일이 현실에서 일어난다.

아무 말도 하지 않더라도 마음을 짐작해서 행동하는 것을 배려라고 한다면, 아스퍼거증후군에게는 배려를 하는 것이 가장 어려운 일일 것이다. 아무리 잘해 주고 싶은 마음이 있어도 상대가 무엇을 기대하는지를 확실하게 이야기해 주지 않는 한, 무엇을 해야 할지 모른다. 그것은 악의가 있거나 게을러서가 아니라 이 유형의 특성이므로 그들을 비난하는 것은 가혹하다.

세밀한 데까지 주의가 미치지 않는다고 화를 내고 비난하는 것보다, 해 주기 바라는 일을 확실히 말하는 것이 상황을 훨씬 잘 해결할 수 있다. 그 경우에도 "~해."라거나 "어째서 ~를 안 해 주는 거야?" 같이 요구하는 말투를 쓰는 것이 아니라 "~해 주지 않을래?" "~해 주면 고마울 텐데(기쁠 텐데)."와 같이 부탁하는 말투를 사용하여 상대가 기분 좋게 움직일 수 있도록 한다.

상호 협력 관계를 만들어 간다

애착이라는 구조는 상호적인 것으로, 어느 한쪽의 노력에 의해 개선되지는 않는다. 관계가 좋아지기 위해서는 양쪽 모두가 협력하는 자세가 중요하다.

실제로, 카산드라증후군이 개선된 사례에서는 그 같은 협력 관계가 유지되고 있다. 처음에는 파트너 때문에 자신이 일방적으로 고통받고 있다고 생각했던 경우에도, 시간이 지나면서 자신의 관여 방법도 중요하다는 것을 깨닫고 서로 노력하고 이해하려는 자세가 보인다. 그렇게 함으로써 그동안 고통스러워하면서 힘들어했던 것들에 대해서 조금씩 받아들일 수 있게 된다.

하지만 처음부터 협력 관계가 된 사례는 드물다. 남편은 전혀 자각이 없고 개선하려고도 하지 않는 경우가 있는가 하면, 아내 역시 자신은 피해자이므로 남편이 반성하고 치료받아야 할 문제일 뿐 자신은 남편의 문제에 관여하고 싶지 않다는 태도를 보이기도 한다. 그리고 남편이 자기 나름대로 개선을 하려고 애써도 불만인 점을 발견하면, "아무것도 변하지 않았어. 반성이 부족해. 얼마나 내가 힘들었는지 알기나 해!"라고 파트너를 계속 비난해서 지금까지의 노력을 물거품으로 만드는 경우도 있다.

나아진 점보다 변하지 않은 것에 주목하면서 분노에 사로잡히는 것은 그동안 많은 상처를 받아 왔기 때문이다. 그러나 그런 사정을 감안해도 남편만의 문제라고 일축하고 남편이 반성해서 100% 변화하는 것을 바란다면, 그 같은 목표에 도달하는 것은 거의 불가능할 것이다.

개선하려고 하는 남편에게도 안전기지가 필요하다. 그 같은 안전기지가 있기 때문에 개선하려는 노력이 지속될 수 있다. 하지만 아무리 노력해도 좋아진 점에 대해 인정받지 못하고 사소한 계기로 "아무것도 변하지 않았어!"라고 그동안의 노력을 전부 부정하는 말을 듣게 되면, 변하겠다는 의지를 가졌던 남편 역시 의욕이 사라지고 만다.

이런 경우는 아내 쪽도 불안형의 특징인 이분법적 사고에 빠져 있는 경우가 많다. 100점 아니면 0점이라는 식으로 상황을 인식하면서, 기대에 미치지 못하는 부분이 있으면 전부 아니라고 생각해 버리는 사고 패턴은 인간관계를 성장시키기보다 오히려 파괴로 이끈다. 남편은 언제 혼이 날까 두려워하게 되고, 본심을 말하거나 자신이 정말 원하는 행동도 하지 못한다. 그저 아내의 기분을 상하게 하지 않기 위해서 눈치만 살피게 된다. 즉, 남편의 입장에서 보면 아내는 안전기지가 아니라 언제 공격해 올지 모르는 위험기지인 것이다.

과연 위험하다고 생각하는 상대에게 마음에서 우러나서 잘해 주는 게 가능할까. 남편은 아내가 다정하게 대하는 순간에도 비난을 받지 않기 위해서 불필요한 말을 하지 않으려고 애쓴다. 아내 입장에서 보면 그 같은 부자연스러운 태도가 마음에서 우러난 배려가 아니라고 느낄지도 모른다. 그리고 결국 남편은 아무것도 변하지 않았다고 실망한다. 이런 상황이 남편만의 책임이라고 말할 수 있는지 의문이 든다. 아내의 반응이 남편을 그렇게 만든 부분도 있기 때문이다.

카산드라증후군에 빠지면 아내는 남편의 모든 것을 받아들일 수 없다고 생각해서 단점을 찾아내기 바쁜 상태가 된다. 이와는 반대로 장애나 곤란을 겪고 있는 사람과 좋은 관계를 쌓은 커플은 장점을 찾는 능력이 뛰어나다. 장점을 찾아 그것에 감사하는 경우가 많다. 장점에 주목하는 것은 둘의 관계뿐만 아니라 행복을 유지하는 데도 도움이 된다.

관심사를 적극적으로 공유한다

아스퍼거증후군이나 회피형은 자신이 관심을 가진 영역에 다른 사람이 관심을 보일 때 무엇보다 기뻐한다. 그런데 많은 파트너가 이런 점을 지나치게 소홀히 여긴다. 아스퍼거증후군이나 회피형 남편과 좋은 관계를 유지하는 커플은 남편의 전문 분야나 취미를 아내와 공유하거나, 아내가 남편의 열렬한 지지자인 경우가 많다. 자신을 가장 많이 이해해 주는 사람이 가까이에 있다는 것은 남편에게는 최상의 행복이다.

천재 피아니스트 데이빗 헬프갓(D. Helfgott)이나 영화감독 알프레드 히치콕(A. Hitchcock)은 모두 사교를 좋아하지 않는 아스퍼거증후군이었다. 그러나 그들의 작업을 가장 이해해 주는 반려자를 만난 것은 재능의 발휘와 성공에 큰 원동력이 되었다.

고독을 좋아하는 아스퍼거증후군이나 회피형이라도 안전기지를 가지지 못하는 것은 그들에게 결코 좋은 일이 아니다. 이해해 주는 누군가를 안전기지로 가지는 것은 그들의 정신적 안정뿐만 아니라 창조적 활동에도, 그리고 무엇보다도 행복을 영위하는 데 도움이 된다. 반려자가 된 존재가 카산드라증후군으로 괴로워할 것인가 아니면 그것을 함께 즐길까는 관심을 공유할 수 있는가의 여부에 달려 있다.

심리학자 할로우가 얻게 된 행복

심리학자 해리 할로우의 경우도 결혼 당시에는 아내 플라라와 관심을 공유하는 것으로 새로운 가능성을 개척했다. 하지만 불행하게도 아내는 심리학의 분야를 떠날 수밖에 없었다. 그렇게 다른 업종의 일과 육아에 쫓기다 보니 둘의 접점은 점차 사라져 갔다. 해리가 일에 너무나 몰두한 결과, 아내 클라라는 카산드라증후군이 되어 둘의 결혼 생활도 종지부를 찍었다.

하지만 사실 그 이야기에는 놀라운 뒷이야기가 있다.

그 후, 해리는 마가렛이라는 연구자 여성과 재혼했다. 박사 학위를 가진 우수한 연구자였지만, 또다시 대학의 관례에 따라 마가렛은 일을 그만둘 수밖에 없었다. 다만, 이번에는 해리가 묘안을 짜냈다. 논문의 편집자로 마가렛을 개인적으로 고용하는 형태로, 자신의 연구실에 아내를 위한 자리를 마련한 것이다.

마가렛과의 사이에 두 명의 아이가 생겼다. 마가렛은 집안일에 서툴렀지만, 같은 전철을 밟지 않기 위해서 해리도 집안일과 육아를 도왔다. 덕분에 마가렛은 카산드라증후군으로 고통받는 일이 없었다.

해리는 23년 남짓한 시간을 마가렛과 부부로 지냈는데, 해리에게서 마가렛을 앗아 간 것은 병마였다. 진행성 유방암으로 사망한 것이다. 성인기 후반의 해리에게 마가렛의 죽음은 커다란 상처였다. 우울증을 앓게 된 해리는 다시 알코올에 의존했다.

그러나 여기서 놀라운 반전이 전개되었다. 너무 고독한 나머지 전처인 클라라에게 전화를 한 해리는 클라라도 역시 재혼한 남편을 잃고 괴로운 날들을 보내고 있다는 것을 알게 된다. 심지어 클라라는 그 남편과의 사이에 생긴 아들을 두 살 때 잃었다. 두 사람은 마치 사반세기의 20여 년간의 공백 기간이 존재하지 않았던 것처럼 이전의 친밀함을 되찾았다. 곧 둘은 재혼을 했고, 클라라는 옛날처럼 조수로 남편의 일을 도우면서 여생을 해리와 함께했다.

2. 장애나 특성을 수용한다

기대치를 낮춘다

아내가 아무리 안전기지가 되려고 애를 써도, 남편에게 심각한 공감 능력의 문제가 있는 경우에는 자신의 문제를 전혀 자각하지 못한

다. 아내의 끝없는 노력에도 아무런 반응을 하지 않을 뿐만 아니라, 그것을 짓밟는 듯한 행동을 한다. 남편의 무신경함과 비협력적인 태도 때문에 아내는 더욱 스트레스를 받는다.

이 경우에는 다음 단계의 대응을 하는 것이 현명하다. 그것은 협력 관계를 쌓기 위해 발버둥치는 것을 그만두고, 남편이 자신의 속도를 따라 살아가는 것이 중요한 사람이라는 점을 받아들이는 것이다. 아스퍼거증후군인 경우든 회피형인 경우든, 그는 나무 위에서 생활하기를 원하거나 또는 풀만 먹는 특성이 있다고 인정하는 것이다. 그리고 그것은 반드시 해결해야 하는 문제가 아니라, 그것이 그 사람이라고 받아들인다.

친밀함이나 공감에 대한 기대는 어느 정도 포기할 수밖에 없지만, 그것에 집착하면서 실망하는 것보다 낫다. 남편이 자신의 세계에 들어가 버리는 것을 방해하지 말고, 자신도 좋아하는 것을 함으로써 균형을 찾는다.

상대를 바꾸려고 하거나 개선을 기대하거나 하는 것을 멈추면, 기대와 실망을 반복하는 것도 끝이 난다. 그런 특성을 가진 동거인으로 받아들여, 그 이상 기대하지 않도록 한다.

자폐스펙트럼장애나 회피형 애착 유형은 다른 사람과의 관계를 귀찮은 일로 여긴다. 그런데 상대가 간섭까지 한다면 더욱 불쾌하게 여기면서 반발한다. 그렇기 때문에 아내가 표면적으로만 관계하겠다는 결심은 의외로 남편에게는 마음 편한 일이어서, 반대로 남편과의 관계가 좋아지기도 한다.

방관이라는 비법

아스퍼거증후군인 파트너와 대립만 하면서 살다가 원만한 관계를 유지하는 경우에 자주 듣는 말은 그냥 내버려 둘 수 있게 되었다는 것이다.

하는 것마다 모조리 신경을 쓰면서 짜증을 내거나 불안해지면서, 자기도 모르게 조언을 하거나 잔소리를 하고 싶어진다. 하지만 그렇게 하면 다시 관계가 삐걱대기 시작한다. 왜냐하면 아스퍼거증후군은 자신의 방식 이외에는 행동하지 못한다. 하나의 행동 패턴에 사로잡히는 경향이 강하고, 자신의 생각밖에 보이지 않는 특성이 있다. 또한 이렇게 하는 게 좋다거나 왜 그런 걸 하느냐는 등의 말을 들으면, 조언으로 이해하기보다 오히려 머리가 혼란스러워진다. 자신의 방식이 부정당한다고 생각하면 혼란에 빠져 흥분하고 분노를 터뜨린다. 그 방법 이외에는 받아들이지 못하니까 어쩔 수 없다.

옆으로 걷는 게에게 앞으로 똑바로 걸으라는 것은 불가능한 이야기일 뿐이다. 그 방법 외에는 프로그램화되어 있지 않아서 다른 회로는 없다고 생각하는 편이 좋다. 물론 시간을 들여서 훈련하면 기대하는 행동도 할 수 있게 될지도 모르지만, 지금 당장은 방법을 바꾸라고 해도 스텝이 꼬일 뿐이다.

즉, 그 사람의 방식을 존중하고 내

> 옆으로 걷는 게에게 앞으로 똑바로 걸으라는 것은 불가능한 이야기일 뿐이다

버려 두는 것이 가장 친절하고 뛰어난 방법이며 당사자에게 도움이 된다. 선의로, 다른 방법으로 하는 게 좋다고 말해도 상태가 나빠질 뿐이다.

남편을 계속 이끌어 온 Y

앞서 소개한 Y가 실천한 대처 방법도 '내버려 두기'였다. 한때는 남편이 하는 모든 것이 비상식이며 일반 기준과는 어긋나 있는 것처럼 보여서, "그런 걸 하면 사람들이 비웃어."라거나 "바보 아냐? 그런 걸하고." 등 무심코 깎아내렸다. 한발 더 나가서 이렇게 하는 게 좋아, 저렇게 하는 게 좋아 하고 조언이나 제안을 하지 않고는 있을 수 없었다. 그때마다 남편은 기분이 나빠져서 "시끄러워!" "이걸로 됐어." 하며 소리를 지르거나 물건을 던지면서 폭발할 뿐, 결국 자신의 방식만 고집했다. 그럴 때마다 화가 난 Y는 "그렇게 하면 안 된다고 했잖아." "왜 몰라, 이 고집불통아." 하고 더 심한 말을 했다. 결국에는 신체적 폭력까지 일어났다. 그것을 보던 아들과 딸까지 화를 내며, "아버지는 집에 없는 게 나아."라고 말하기에 이르렀다. 남편과 가족의 관계도 엉망진창이 되었다.

Y도 같은 일이 반복되고 있음을 자각하게 되었다. "어떻게 하면 좋아요?" 하고 묻는 Y에게, 이러한 악순환의 과정이 어디서부터 시작되

었는지를 생각해 보도록 했다. 그러자 Y는 "그 사람이 하는 일이 비상식이라고 할까, 또 이상한 걸 한다는 생각이 들면 가만히 있을 수가 없어서 결국 한마디를 하고 말아요."라고 하면서 자신의 반응이 계기가 되었음을 깨달았다.

여기서 남편의 행동 패턴을 바꿀 것인지, 아니면 Y가 원인을 제공하는 것을 그만둘 것인지를 선택할 필요가 있다. 그러나 남편은 이미 60대에 접어들었고, 지금까지 이런 방식으로 살아온 것이다. "남편의 행동 패턴을 바꿀 수 있다고 생각하세요? 지금까지 몇십 년 동안 계속 그렇게 말해 왔는데 뭐가 변했나요?"라고 묻자, Y는 고개를 흔들며 "변하기는커녕, 더 고집을 부려요. 말해도 소용이 없어요."라고 말한 후, "그래도 가만히 보고만 있을 수가 없어요. 보고 있으면 짜증이 나서."라고 괴로움을 토로했다.

"남편도 같은 행동 패턴을 보이고, 그걸 보고 Y씨도 같은 것을 하고 있네요?"라고 지적하자, Y는 웃으면서 "저 사람만 문제 있는 것처럼 말했지만, 저도 같다는 건가요?" 하고 스스로 자신을 돌아보았다.

이런 사례처럼, 대립하는 부부 사이에서는 양쪽 다 자신의 방식이나 생각에 얽매여서 계속 부딪치게 된다. 남편이 아스퍼거증후군이라고 하지만 때로는 아내도 꽤 강압적으로 자신의 아집에 얽매여 있어서, 사소한 일까지 문제시하면서 남편을 이상한 사람 취급하는 경우도 있다. 그렇게 되면 거부 반응이 강해질 뿐, 관계는 끝없이 나빠지고 만다. 자신의 기준과 다른 부분에 주목해서 "이상해." "문제야."라고 반응하면서 서로 이물질 취급을 하며 배제한다.

평화롭게 공존하며 살아가기 위해서는 다른 점에 주목하지 말고 그것을 받아들이는 것이 필요하다. 받아들인다고 해도 동의하거나 공감하면서 다가가는 것은 어렵다. 그저 내버려 두는 것이 최선의 방법이다.

상대를 어떻게 하려고 하지 않는다. 이교도나 풍습이 다른 문화권 사람과 살고 있다고 생각하고, 그 사람의 방식이나 신념을 부정하거나 왈가왈부하지 않는다. 방식이나 신념을 바꾸려고 해서는 안 된다. 그런 시도를 하면 어떤 일이 일어날지 불 보듯 뻔하다.

> 받아들인다고 해도 동의하거나 공감하면서 다가가는 것은 어렵다. 그저 내버려 두는 것이 최선의 방법이다

그 후로 Y는 "저 사람은 그런(특성을 가진) 사람이라고 생각하고, 거기에 일일이 반응하지 않으면서 내버려 뒀어요."라고 했다. "또 이상한 걸 하고 있네 하고 생각은 하지만 그게 저 사람 방식이라고 생각해요."라고 덧붙였다.

저러면 어떻게 될까라고 걱정도 했으나, 어떻게든 된다는 것을 Y도 알게 되었다. Y는 자신이 상식이라고 생각하는 방식이 아니면 안 된다고 생각했지만, 의외로 아무 일도 일어나지 않았던 것이다.

Y는 "제가 체면이나 다른 사람들이 어떻게 생각할까를 너무 신경 썼나 봐요."라고 자신만의 생각에 사로잡혔다는 것을 알게 되었다. 자신이 상식적인 기준에 왜 집착했는지를 되돌아보면서 자신의 문제와 마주하기 시작했다.

내버려 두는 것은 자신의 집착을 버리지 않으면 안 되기 때문에 의외로 어려운 작업이다. 내버려 두지 못하고 결국 쓸데없이 한마디를 하고 마는 것은, 그 사람에게 얽매여 있기 때문이다. 그리고 그 얽매임은 자신의 부모와의 관계나 경험 속에서 싹튼다는 것을 깨닫게 되었다.

공감 반응이 어려운 배우자와 행복하게 지내기

뇌 손상 등으로 인해 노력해도 어쩔 수 없는 경우도 있지만, 부부 관계가 좋은 경우에는 불가역적인 인지기능장애가 있어도 계속 서로에 대한 애정을 유지하면서 좋은 관계를 이어 가는 경우가 있다.

뇌장애로 인해서 공감의 말이나 위로의 행동을 하지 못하는 것은 아닌데도, 공감적인 반응을 상실한 파트너와 카산드라증후군에 빠지지 않고 함께 있는 것을 행복하다고 생각하는 부부도 있다.

파트너의 공감 반응이 없는 상황에서 어떻게 자신의 마음을 지킬 수 있는지 관찰해 보니, 충족되지 않는 부분을 상상력으로 보충하고 있었다. 상대의 작은 몸짓이나 반응에 대해 상대가 이런 말을 하려고 했을 것이라고 자신의 언어로 다시 해 보는 것이다. 마치 어렸을 때 부모가 아직 의사 표현을 못하는 아이의 기분을 대변하는 것처럼 1인 2역으로, 상대의 발언을 대변하면서 대화를 완성하는 것이다. 아주 작은 몸짓에서 고마운 마음을 짐작하는 것이 가능해지면, 그것을 격려라고 생각하고 관계를 계속 이어 나갈 수 있다.

소세키의 아내는 살기 위해서 이렇게 극복했다

앞에서 이야기한 소세키의 아내 교코의 뒷이야기를 해 보자. 2년 후에 영국 유학에서 돌아온 남편은 다른 나라의 고독한 환경에서 병을 얻어 출국하기 전보다 심각한 상태가 되어 있었다. 단순히 사교를 싫어하고 마음을 열지 않는 정도가 아니었다. 비현실적인 망상으로 아이를 혼내거나, 밤중에 갑자기 일어나서 의미를 알 수 없는 말을 외치면서 베개를 던지거나, 우는 아이에게 소리를 지르는 일이 이어졌다. 가사도우미의 행동이 마음에 들지 않는다며, 아내가 얼마나 힘들지는 신경 쓰지 않은 채 해고하기도 했다. 그러나 밖에서는 온화하고 덕이 많은 모습으로 대학이나 고등학교의 강사 일을 제대로 해냈다. 가족에게만 난폭한 면을 보인 것이다.

임신한 데다 늑막염을 앓느라 몸이 안 좋았던 교코는 자신을 진찰해 주는 의사에게 상담도 했지만, 결국 참지 못하고 아이들을 데리고 친정으로 갔다. 소세키는 아내와 아이들이 안 보이자 집이 조용해져서 오히려 편하다고 생각했다. 그는 소리에 민감했기 때문이다.

이대로 부부 관계를 끝내도 이상할 것이 없었다. 교코를 진찰하는 의사의 소개로, 소세키는 유명한 정신과의사인 구레슈조(吳秀三)에게 진료를 받았다. 의사는 "이런 병은 평생 낫지 않는다. 나았다고 생각하는 것은 사실 일시적인 것으로 나중에 다시 증상이 나타난다."라고 했다. 즉, 불치병이라고 선고받은 것이다.

그런데 교코의 회상에 의하면, 교코는 그런 진단을 들으면서 오히려 납득이 되고 각오를 할 수 있었다고 했다. '병은 어쩔 수 없지.'라고 생각하며 교코는 평생 남편을 돌보기로 결심했다. 실제로 그 후 교코는 남편 곁으로 돌아가서 두 번 다시 친정에 가는 일 없이, 어떻게든 불안정한 남편을 지지해 가며 소세키가 죽을 때까지 함께 생활했다.

소세키가 『나는 고양이로소이다』의 연재를 시작해 작가로서 재능을 꽃피운 것은 교코가 친정에서 돌아온 지 불과 1년 반이 지났을 때였다. 소세키는 그때부터 10여 년에 걸쳐서 왕성한 창작을 계속할 수 있었다.

부족함은 다른 부분으로 채운다

장애로 받아들이고 바꿀 수 없는 특성이라고 결론짓는 것은 부부가 편해지는 방법이다. 아스퍼거증후군이든 회피형이든, 갑자기 바꿀 수 있는 문제가 아니라고 포기하고 달관하는 것이다. 하지만 그것은 정이 떨어져서 완전히 거부하거나, 탈애착을 일으키면서 남편으로도 가족으로도 배제시키는 것은 아니다. 달관하는 것으로 있는 그대로를 받아들여, 남편이나 가족으로서의 애정도 유지할 수 있게 되는 것이다.

물론 참고 견디는 인내가 필요하다. 달관만으로는 부족한 점을 완전히 채울 수 없다. 내버려 둠으로써 어느 정도는 어려움을 피할 수 있지만, 역시 그것만으로 문제가 모두 정리되는 것은 아니다. 안전기지의 공감 반응이 부족한 것으로 인한 부정적 영향을 줄이기 위해서는 다른 면에서 공감적 반응을 늘리는 조치가 필요하다. 반려동물을 키우거나, 취미 모임에 참가하거나, 아이와의 시간을 즐기거나, 봉사활동을 하거나, 자신의 일을 시작하는 것도 도움이 된다.

접촉 시간을 줄이고 역할을 교대한다

T는 30대 중반의 주부다. 심한 짜증과 감정을 억누르지 못하는 상태가 눈에 띄었다. 갑자기 눈물을 흘리거나, 다른 사람이 된 것처럼 폭발하기도 했다. T는 그런 자신이 싫었다.

2년 정도 전에 자녀에게 발달장애가 있다는 것을 알고, 상담과 교육적 개입을 받으면서 아이는 점점 개선되었다. 그런데 요즘은 남편에게 짜증이 나는 일이 많아졌다. 남편도 아이와 똑같이 분위기를 파악하지 못한 채 자기 방식대로만 한다. 이쪽 사정은 신경 쓰지 않고, 자신이 하고 싶은 일만 했다. 심지어 하던 일을 그냥 두고 뒷정리를 하지 않았다. T 혼자서 두 사람의 뒷정리를 하느라 바빴다. 하지만 그런 것도 전혀 모른 채 고맙다는 말도 한마디 없었다. 아이의 뒤치 다꺼리만 해도 힘든데, 남편까지 돌볼 수는 없다고 생각했다.

요즘은 남편에 대한 거부 반응이 강해져서, 사소한 것에도 짜증이 나고 비난을 하게 되었다. 아이에 대한 것을 T에게 미뤄 두고 제대로 대화를 하지 않는 것도 불만이었다. T는 빈틈없는 청결한 성격이어서, 굼뜬 남편이나 아이의 행동을 보고 있는 것만으로도 스트레스를 받고 말았다.

남편은 아내가 화를 낼까 봐 눈치를 보지만, 하는 것마다 빗나가는 일이 많아서 또다시 화가 났다. 자제하지 못하고 남편에게 소리를 지르는 자신을 보고, 역시 이건 이상하다고 생각해서 진료를 받기로 결심한 것이다.

신경안정제와 한방약으로 평소의 초조함과 격한 감정의 폭발은 줄일 수 있었지만, 그래도 때때로 나쁜 상태가 반복되었다. 돌아보면, 그런 일은 가족이 외출하는 주말에 많이 생겼다. 즐겁게 시간을 보내려고 애쓰지만, 그런 T의 마음을 짓밟듯이 남편과 아이는 연달아 일을 벌여서 하루가 끝날 즈음에는 폭발하고 말았다.

지나친 희생으로 인해 피곤이 쌓였을 즈음 어떤 일이 생기면, 더이상은 봐줄 수 없다는 기분이 든다. T 역시 같은 패턴을 반복하고 있다는 것을 자각했다.

"저, 주부 역할에 맞지 않는 것 같아요." 하고 말을 꺼낸 T는 남편이 쉬는 주말에 일을 하기로 했다. 남편에게 아이를 돌보는 일이나 공부를 봐주는 일을 대신해 달라고 한 것이다. T가 일을 하면서 알게 된 사실은 밖에서 일하는 것이 훨씬 즐겁다는 것이었다. 다른 사람의 눈치를 보는 일을 해도 그것이 일의 한 부분이라고 생각하면 괜찮았다. 열심히 하면 할수록 업무에서 인정을 받았다. "수고했어." "일을 익히는 게 빠르네."와 같은 특별할 것 없는 말도, 그동안 집에서는 아무리 열심히 해도 들어 보지 못했던 말이었다.

아이도 아버지가 별로 엄하게 대하지 않아서 편해 보였다. T가 일이 끝나고 돌아오면 남편도 다정하게 말을 걸어 주고 집안일도 해 줬다. 내내 울적하고 짜증을 내던 T는 몇 개월이 지나자 완전히 밝아져서 다른 사람처럼 생기가 넘쳤다.

휴일은 가족과 함께 보내는 것이 바람직하다고 생각하는 사람이 많지만, 자신의 기준과 파트너나 가족의 기준이 어긋난다면 접촉 시간이 길어질수록 스트레스가 증가한다. T와 남편의 경우처럼, 요일에 따라 역할을 교대하는 것은 접촉 시간을 줄여 주고 부담도 공평하게 갖게 한다. 또한 입장을 바꾸는 것으로 서로 상대의 역할이 힘든 점을 이해할 수 있게 된다.

3. 위기감을 초래하는 방식

자각이 없는 남편을 움직이기

마지막 단계는, 아내가 한계에 다다랐다는 것을 남편이 전혀 문제로 인식하지 못한 경우다. 최후의 수단으로, 남편에게 현실을 알림으로써 위기감을 갖도록 한다.

남편이 회피 경향이나 자기애성이 강한 경우는 문제를 제대로 보려고 하지 않기 때문에 문제가 있다는 것 자체를 인정하지 않을 때가 많다. 그런 경우에는 남편에게 상황이 얼마나 심각한지 알려 줄 필요가 있다.

그저 인내하고 좋은 아내로 있으려고 노력하는 것만으로는 보답받기 어렵다. 이제 한계라고 생각했을 때는, 남편에게 상황이 위험하다는 것을 이해시키기 위해서라도 과감한 행동을 하는 게 필요하다. 자녀를 데리고 친정이나 신뢰할 수 있는 지인 집으로 간다. 만약 가정폭력이 있는데 친정의 도움을 받을 수 없는 경우라면, 임시보호시설로 몸을 피하는 방법도 고려한다. 이런 행동은 남편을 반성하게 만들기 위해서라도 또는 더 이상의 피해를 막기 위해서도 유효하다.

얼마 동안의 냉각 기간을 두고, 그 후에 안전이 확보된 상황에서 대화를 한다. 그래도 반성을 하려고 하지 않고 개선을 향한 행동을 할 생각이 없

얼마 동안의 냉각 기간을 두고, 그 후에 안전이 확보된 상황에서 대화를 한다

는 경우에는, 이혼도 염두에 두고 별거를 하면서 잠시 상황을 정리해도 좋을 것이다. 그래도 진심으로 변하려는 모습이 보이지 않는 경우에는 이혼을 고려할 수밖에 없다.

많은 사례는 이 단계에서 위기감을 느끼면서 이혼을 피하기 위해서 허둥대며 움직이기도 한다. 그러나 성급한 타협을 하지 말고, 남편이 제대로 문제를 인식하도록 하는 게 좋다. 상담자를 비롯한 전문가 도움을 받으면서 개선을 위한 대처를 한다. 단, 관계 회복을 원한다면 전문가에게만 맡겨 두지 말고 아내도 협력할 필요가 있다.

그 방법에 대해서는 다음 장에서 이야기해 보자.

거부 반응이 심한 경우의 결단

이혼에 따른 많은 손실이나 정신적인 피해를 생각하면, 될 수 있는 한 관계를 회복하여 이혼을 피하는 것이 바람직하다.

하지만 그렇게 할 수 없는 경우가 있다. 그중 하나는 강한 거부 반응이 생긴 경우로, 남편 자체가 알레르기 요인이 된 것처럼 함께 생

활하는 것을 받아들일 수 없는 경우다. 다만, 심리적 거부 반응이 일어난다고 해서 반드시 회복 불가능이라고 말할 수는 없다. 기대하는 것이 있기 때문에 미움을 느끼는 양가적 반응이 일어나는 경우는, 남편이 진심으로 바뀌면 반전도 가능하다. 이 같은 부분을 구분하는 것이 중요하다. "얼굴을 보는 것도 싫어." "가까이 오는 것만으로 신물이 나."라고 하는 경우에도 좋은 관계로 돌아가는 경우가 있기 때문이다.

양가적 유형의 사람이 모든 것을 부정하는 모드에 들어가면 생리적으로 강한 혐오를 느껴서 심하게 거부하지만, 그 반응도 결코 불가역적인 것이 아니다.

하지만 더 이상 기대하는 마음도 없어져서 그저 거부감, 혐오감만이 강해져 함께 있는 것이 곤란한 경우도 있다. 그 경우에는 무리해서 부부 관계를 계속한다고 해도 부정적 부분이 크기 때문에, 용기를 내어 정리하는 것이 삶을 회복하는 것으로 이어진다.

정신적인 고통에서 벗어나기 위해 이혼이 필요한 경우도 있다

파트너와의 관계에서는 어떤 형태로든 부모 역할을 대신해 주기를 바라는 부분이 있다. 애착장애를 겪는 사람의 경우, 현실의 부모가

채워 주지 못한 애정 욕구를 파트너가 이상적인 부모 역할을 해 줌으로써 채워 주기를 바라기도 한다. 부부 모두 상대가 이상적인 부모가 되어 주기를 바라는 경우도 많다.

서로가 그 기대를 헤아리면서 이상적인 부모와 같이 행동하는 동안은 행복하게 지낼 수 있다. 그러나 동경하고 존경하는 마음이 옅어지고 상대의 결점이 보이기 시작하면서 이상적인 부모가 아니라는 것을 깨닫게 되는 순간 갑자기 흥미를 잃게 된다.

그것은 단순히 환상이 사라진 것이 아니다. 사실은 파트너를 이상화해서 파트너가 자신을 감싸 주는 것으로 자신을 지탱해 왔는데, 이제는 더 이상 그 같은 필요를 느끼지 않는다. 자신이 세상에 눈뜨고 사람들을 알게 되면서, 세상 물정을 모르던 아이 때처럼 남편을 이상화하지 않고 상대를 보게 되었다. 즉, 파트너를 이상화하거나 의존하는 것이 줄어들면서 정신적인 자립의 욕구가 생긴 것이다. 이제 파트너의 존재는 작아진 옷과 같아서 벗어 버릴 때가 되었다는 것을 알았다.

상대에게 원하는 것이 사라졌는데 상대와 계속 살아야 하는 상황이라면 짜증이나 억울함이 생기고, 그것이 카산드라증후군의 원인이 된다. 그런 성장과 자립을 동반한 카산드라증후군의 경우는, 이혼이 정신적인 탈피를 위해서 필요하다고 본다.

두 번의
카산드라증후군을 경험한 끝

미국 문화인류학자로, '젠더(문화적, 사회적인 의미에서의 성)'의 개념을 탄생시키는 데 기여한 마거릿 미드(M. Mead)는 자신의 결혼 생활에 두 번 실패했지만 세 번째에 행복을 손에 넣었다.

두 번의 결혼 모두 깊은 실망으로 끝났지만, 결코 처음부터 사랑이 없었던 것은 아니다. 두 번 모두 열렬한 애정으로 맺어졌다.

부모가 연구자인 가정에서 자란 마거릿은 자신도 사회에 봉사하면서 연구자로 생애를 바치고 싶다고 생각했다. 그런 마거릿이 처음에 반려자로 선택한 사람은 네 살 위의 루터 크레스맨(L. Cressman)이었다. 둘이 처음 만났을 때 마거릿은 고등학생이었고 루터 역시 아직 대학생이었다. 루터는 이상을 좇는 목사 지망생인 청년으로, 마거릿과 가치관을 공유했다.

둘은 5년 후 결혼했지만, 대학원에 진학한 루터와 마거릿은 둘 다 학생이었기 때문에 아르바이트로 생활비를 벌어 가며 학업과 연구에 힘썼다. 생활은 힘들었지만 한 번도 싸운 적이 없을 정도로 사이가 좋은 커플이었다.

그런데 그처럼 이상적이었던 결혼 생활에 어두운 그림자가 드리우기 시작했다. 루터는 행복한 얼굴 이면에 무언가 채워지지 않음을 느끼는 마거릿의 몸부림을 알아채지 못했다. 그녀는 자작시에 자신의 마음을 담았다. "내 마음을 조각조각 부수는 건 자유예요. 하지만 결코 당신의 손안에 나를 잡아 둘 수는 없을 거예요."

마거릿의 자유에 대한 갈망은 문명화되지 않은 지역에서의 현장 연구를 하고 싶다는 욕구로 나타났다. 마거릿은 염원하던 연구 기회를 손에 넣자 활기찬 모습으로 사모아로 떠났다. 남편과 1년 이상 떨어지는 것도 마거릿에게는 그다지 중요하지 않았다. 남편 루터는 그동안 영국으로 유학을 가기로 했다.

이렇게 두 사람은 다른 길을 걷기 시작했다. 이런 결정은 마거릿이 연구자로 성공하는 기회가 되었지만, 부부 관계는 싹트기 시작한 가치관의 균열과 함께 두 번 다시 되돌릴 수 없는 어긋남이 되고 말았다.

하지만 언어가 통하지 않는 생활이 시작됐을 때, 마거릿은 루터를 다시 그리워했다. 고독한 현장 연구에서 연구자가 직면하는 곤란은 성적인 욕구불만보다 다정함에 대한 굶주림이었다. 그것은 애착의 절실한 욕구이며, 그 욕구를 채우는 것은 심신의 건강을 유지하기 위해서도 꼭 필요했다.

남편이 부재한 현지에서, 그것을 대신 채워 준 것은 마을에 있는 아기들이었다. 마거릿은 기회만 되면 아기를 안고 싶어 했는데, 그것은 마음의 균형을 유지하기 위해서 한 절실한 행동이었을 것이다.

계획대로 연구를 끝내고 순탄하게 루터와 재회했다면 두 사람의 애정은 다시 깊어졌을 것이다. 그런데 예상외의 일이 일어났다. 돌아가는 배가 남태평양에서 폭풍우를 만나 어렵게 시드니에 도착했지만, 그곳에서 항만 노동자의 파업에 휘말린 것이다. 며칠 항구에 머물러 있는 동안 함께 배를 탔던 한 명의 남성과 친해졌다. 젊은 심리학자 레오 포춘(R. Fortune)으로, 모국 뉴질랜드에서 영국으로 유학을 가는 길이었다.

마거릿 입장에서 보면 레오는 어린 새내기 학생이었지만, 애착에 굶주려 있었고 이야기할 상대가 없는 환경이 둘을 친밀하게 만들었다. 마르세유 항구에 도착하기까지 몇 주의 시간 동안 끊임없이 이야기를 나누게 되면서 둘은 헤어질 수 없는 사이가 되고 말았다.

마르세유 항구에는 남편 루터가 마중을 나와 있었지만, 마거릿에게 남편은 안중에도 없었다. 서먹서먹한 아내의 태도에 당황하면서도 루터는 유럽에서의 멋진 날들에 대해 열심히 이야기했다. 하지만 사모아에서의 경험에 강한 충격을 받은 마거릿은 남편과 감동을 공유하기 어려웠다.

하지만 남편과 남프랑스와 파리를 여행하는 동안 부부의 애정이 조금씩 되살아났다. 마거릿은 이성을 되찾았다. 학생인 레오와 새 삶을 시작하는 것은 상상할 수도 없는 일이었다. 다정함에 굶주려서 생긴 실수로, 한순간의 불장난으로 끝낼 수밖에 없었다.

둘은 미국으로 돌아와 일상으로 복귀했다. 루터는 목사가 아닌 대학교수가 되었다. 마거릿은 뉴욕 자연사박물관의 큐레이터가 되어 연구를 계속했다.

레오와의 편지 교환은 계속 되었지만, 결혼 생활의 작은 숨구멍일 뿐이었다. 마거릿은 남편과 아이를 낳으려고 애쓰고 있었다.

그런데 생각지도 못한 일이 생겼다. 도무지 임신할 기미가 보이지 않아서 초조해진 마거릿이 전문의에게 진찰을 받았다. 결과는 심각한 자궁후굴이 있어서 임신 가능성이 낮을 뿐만 아니라, 임신을 하더라도 유산할 위험이 높다는 것이었다. 강한 충격과 함께 마거릿은 이제 아이를 가지겠다는 기존의 가치관에 사로잡힐 필요가 없다는 것을 깨달았다.

그러자 지금까지 현장 연구를 하고 싶다는 마음을 억누르면서 가정생활을 우선하거나, 자극이 없어진 남편과의 관계에 더 이상 자신을 묶어 둘 필요가 없다는 생각이 들었다. 마거릿은 자신의 마음에 솔직하게 행동하기로 했다. 독일에서 레오와 만나 사랑을 확인한 마거릿은 남편과 이혼하기로 결심했다. 마거릿의 행동은 신속하고도 흔들림이 없었다. 남편은 저항다운 저항도 해 보지 못한 채 이혼에 동의했다.

마거릿은 1년 휴가를 받아서 레오가 현지 조사를 하고 있던 시드니에서 지냈다. 남편과 함께 현장 연구에 몰두하는 것은 마거릿이 지금까지 꿈꾸던 모습이었다.

그러나 레오와의 결혼 생활은 머지않아 깨지기 시작했다. 레오는 독점욕이 강하고 질투가 심해서 마거릿이 자신 이외의 다른 누구에게 조금이라도 관심을 보이면 싫어했다. 그러면서 정작 마거릿이 곤란한 일에 직면했을 때 도움을 주는 건 귀찮아했다. 마거릿이 다쳐서 상처가 곪아도 상처에 붙일 약을 스스로 만들라고 할 뿐 도와주지 않았다. 열이 높아서 체온계를 사다 달라고 부탁했을 때도 레오는 쌀쌀맞게 거절했다. 마거릿은 언젠가부터 남편에게 아무런 동정도 따스함도 기대하지 않게 되었다.

둘의 관계가 삐걱대기 시작했을 때, 마거릿 앞에 나타난 사람이 바로 마거릿과 같은 문화인류학자인 그레고리 베잇슨(G. Bateson)이었다. 베잇슨은 마거릿과 레오가 조사를 하러 간 뉴기니 오지에 먼저 가 있었다. 처음 만났을 때, 마거릿을 본 베잇슨은 "당신은 지쳐 있군요." 하며 의자를 내줬다고 한다. 그 말은 마거릿이 정말 오랜만에 들은 다정한 말이었다. 그 정도로 가혹한 상황에서 살고 있었던 것이다. 한편, 베잇슨은 뉴기니 오지의 생활로 인해 대화에 목말라 있었다.

세 사람은 공동으로 조사를 하게 되었지만, 조사가 끝날 무렵 부부 관계는 끝나고 마거릿은 베잇슨과 새로운 사랑을 키우기 시작했다.

의사의 진단과는 달리 마거릿은 38세에 베잇슨의 딸을 낳았다. 세 번째의 결혼은 가정 생활은 물론 연구에서도 마거릿에게 커다란 행운을 가져다주었다.

이혼할 때의 주의점

이혼 문제를 단 몇 장의 종이에 담는 것은 어려운 일이다. 여기서는 이혼 절차를 밟을 때, 그리고 실제로 이혼이 성립된 후에 자주 드러나는 문제를 중심으로 주의할 점을 기록해 둔다.

무엇보다, 자녀가 있을 경우에 아이가 입을 상처가 최소한이 될 수 있도록 배려하는 것이 중요하다. 어머니의 입장에서는 아버지를 될 수 있는 한 배제하고 싶다고 생각한다. 자녀와 아버지가 만나는 것도 어머니에게는 스트레스가 될 수 있다. 아이 역시 어머니 눈치를 보면서 아버지를 만나지 않겠다고 하는 경우도 있다.

다만, 경험에 비추어 보면 될 수 있는 한 양쪽 부모와의 연결 고리를 만들어 두는 편이 그 후에 생길 수 있는 여러 문제를 방지하고 자녀를 지킬 수 있는 길이다. 만나지 못하게 하면 시간이 지나면서 탈애착이 일어나 만나고 싶다는 생각을 하지 않을 수도 있다. 하지만 그것은 자녀의 마음에 커다란 상처와 빈 공간으로 남을 수 있다. 따라서 만나고 싶어 하는 시기에는 될 수 있는 한 만나게 해 주는 것이 바람직하다.

또한 이혼 후에도 적어도 아이 앞에서는 서로에 대해서 험담을 하는 등의 부정적인 언행을 하지 않는 것이 중요하다. 불안형은 그런 말을 자녀 앞에서 무심코 하기도 한다. 만약 자녀가 동조하더라도 그것은 표면적으로 어머니에게 맞춰 주고 있는 것일 뿐이다. 자녀가 성장하면서 자신에게서 아버지를 뺏고 아버지를 싫어하게 만들었다는 원망을 할 수도 있다. 그런 경우를 자주 경험한다. 그렇게 되지 않기 위해서는 어떤 아버지라도 아이에게는 여전히 아버지라는 사실을 잊어서는 안 된다.

잠시 만나는 것도 불편한데, 어딘가에 여행을 가서 숙박을 하는 것은 더욱 허락하기 싫다고 생각할지도 모른다. 하지만 아이에게는 무엇과도 바꿀 수 없는 추억이 되는 경우가 많기 때문에, 이것에 대해 충분히 생각해 두는 것이 좋다.

그런 형태로 자녀가 아버지와 관계를 맺을 수 있게 하는 것은, 어떤 의미에서 보면 아이에게 좋은 일을 해 주는 것이다. 관계를 맺으면 맺을수록 애정은 커 간다. 자녀에게 경제적인 도움이 필요할 때도 큰 역할을 할 수 있다.

이혼한 경우, 양육비로 다투는 경우가 종종 있다. 자녀의 학년이 올라갈수록 학원비나 등록금 등의 비용이 증가하게 되는데, 변호사를 통해서 이혼한 경우에도 그런 비용까지 상세하게 정해 두지 못하여 그때마다 협의를 하지 않으면 안 된다. 대립하면서 양육비를 증액할 때마다 조정이나 재판을 해야 해서 청구를 포기하는 경우도 많다. 특히 만 18세 이후에 드는 학자금이나 생활비에 대해서 정해 두지 않으면, 대학 진학 시에 큰 어려움을 겪게 된다.

이런 부분을 감안할 때, 헤어지더라도 서로 문제를 함께 생각하고 납득한 후 헤어지는 게 그 후의 인생을 위해서도 중요하다.

관계 회복을 위한 시도

관계 회복을 위해서
필요한 상호 협력

마지막 장인 이 장에서는 '이혼인가 회복인가'라는 인생의 분기점에서, 가능하다면 회복하고 싶다고 생각했을 때 그와 같은 어려운 작업을 어떻게 해 나갈 것인지에 대한 방법을 소개하려고 한다.

파트너끼리 협력하려는 마음만 있다면, 다른 사람의 도움 없이 당사자만으로도 그 같은 과제를 수행하는 것이 결코 어렵지 않다. 좋은 관계를 되돌리고 싶다는 생각을 공유할 수 있으면, 다소 어긋나는 점이 있더라도 이겨 낼 수 있다. 그 경우에는 6장과 7장에서 말했던 방법을 열심히 활용해 보면 좋을 것이다. 서로가 안전기지가 될 수 있도록 노력을 계속하는 것이다.

다만 대다수의 경우, 삐걱거리는 과정에서 서로 상처를 입히기 때문에 자신의 분노에 사로잡혀 있다. 이성적으로는 좋은 관계로 되돌리고 싶다고 생각하더라도 막상 얼굴을 마주하면 분노의 감정이 치솟아서, 정신을 차리고 보면 싸우고 있는 경우도 많다. 자신은 감정을 억누르려고 했으나, 상대가 참지 못하고 공격해 오면 반격하지 않고는 견디지 못한다. 그런 상황에 있다면 당사자끼리 회복 작업을 하는 것은 어려운 일이다. 그때 필요한 것이, 제3자의 힘을 빌리는 것이다.

헤어지게 하는 사람, 회복하게 하는 사람

　그 경우에, 누구와 상담을 하느냐가 중요하다. 헤어지게 하는 사람과 회복을 잘하도록 하는 사람은 따로 있기 때문이다. 거기에는 상담하는 사람의 인생이나 가치관도 반영된다. 전문가라고 해도, 자신이 불안형 애착이거나 인간 불신을 가진 경우도 있다. 자신의 부모나 파트너와의 관계가 나빠서, 그것을 상담자와 내담자의 관계에도 투사시켜 자신도 모르는 사이에 헤어지는 방향으로 유도하기도 한다.

　상담받는 사람의 심리는 상담자가 하는 한마디 한마디에 좌우되기 때문에, '그 사람과 잘 지내는 건 힘들겠다'는 비관적인 전망을 들으면 그것에 영향을 받게 된다. 물론 헤어지게 만들 의도는 없어도 자신의 안에 있는, 예를 들어 결혼에 대한 부정적인 생각이 무의식적으로 나오고 마는 것이다.

　그런 의미에서, 상담을 해 주는 사람 자신이 행복한 결혼 생활을 보내고 있는 사람이거나, 만약 이혼을 했어도 행복한 가정을 경험했다고 느끼는 사람이 관계의 회복을 도와주는 자원이 되면 좋을 것이다.

　가정폭력 등의 상담을 주로 하는 전문가의 경우도 헤어지는 방향으로 이야기가 진행되기 쉽다. 그것은 비참한 사례를 많이 봐 왔기 때문에 최악의 사태를 염려해서, 우선 안전을 확보하려고 하기 때문이다. 남편에게 심리적으로 지배되어 가정폭력조차 자신의 잘못이라고 생각하는 경우도 있는데, 그런 경우는 남편과 거리를 둬야 한다. 그런 상황을 염두에 두고 현재의 상황을 본다면 내담자인 아내는 남편과의 관계 회복을 원해도 바로 집을 나와 안전한 곳으로 갈 것을 권하면서 헤어지는 방향으로 상담을 진행하는 경우도 있다.

다만, 카산드라증후군에 한정해서 이야기하자면 그렇게까지 심각한 가정폭력 사례는 적고, 오히려 아내가 짜증을 심하게 내면서 남편에게 폭력을 휘두르는 경우도 있다. 따라서 가정폭력이라는 관점만으로는 문제의 본질을 제대로 파악할 수 없다. 한쪽을 피해자, 한쪽을 가해자라는 단순한 구도로 보게 되면, 그 후의 협력 관계 구축이나 회복은 더욱 어려워진다.

이혼을 목적으로 도움을 받는 경우라면 별개의 문제지만, 관계를 회복하고 싶어 하는 경우에는 자신의 의도와 다른 방향으로 진행될 수 있기 때문에 주의해야 한다. 대다수의 사례는 사실 자신도 어떻게 해야 좋을지 몰라서 양쪽 모두의 가능성을 염두에 두는 경우가 많다. 이혼을 결심해도, 결론을 서두르지 않고 흔들리는 마음을 정리하면서 답을 찾아가는 과정이 필요하다. "빨리 이혼하는 편이 좋아."라고 결론을 강요하는 경우에는 주의해야 한다.

관계를 회복하기 위한 시도

관계 회복은 현실적으로 관계를 끝내는 것과는 전혀 다른 시도가 필요하다. 따라서 관계 회복을 실제로 해 본 경험이 없다면 의외로 어렵다.

이혼을 할 때는 파트너가 전부 나쁘고 자신은 피해자라고 생각하는 것이 역설적이지만 유리할 수도 있다. 관계를 포기하고 있어서, 재판으로 이어져도 유리하게 진행될 수 있기 때문이다. 선과 악이 단순하게 나눠지는 경우가 싸우기 쉽다.

그러나 관계를 회복하려는 경우라면 그 같은 단순한 이분법적 논리로는 잘 해결할 수 없다. 실제로 어느 한쪽이 전적으로 잘못한 경우는 일부 특수한 사례에 불과하고, 대부분은 서로에게 원인이 있다. 모든 문제는 파트너에게 있기 때문에, 파트너만 변하면 된다는 사고로는 금방 한계에 부딪히게 된다.

이혼해서 다른 사람과 재혼을 하여 상대를 바꿔도 다시 비슷한 상황이 벌어졌다는 이야기도 자주 듣는다. 파트너의 문제라고만 생각하지 않고 자신을 성찰할 수 있는지의 여부가 그 후의 인생을 좌우한다.

서로 양보하고 의견의 격차를 좁힐 수 있는가는, 자신의 감정에만 사로잡히지 않고, 얼마나 상대의 입장을 생각하고, 자신의 잘못을 인정하며, 그것을 서로 용서할 수 있는지에 달려 있다. 피해자, 가해자로 나누는 사고방식은 오히려 방해가 된다.

회복의 작업흐름도

많은 사례에서 문제를 어떻게 다루면서 해결(관계 개선이 된 경우뿐
만 아니라, 별거나 이혼인 경우도 포함)의 과정까지 도달하게 되는지를
작업흐름도로 살펴보고자 한다.

보통은 아내가 심신의 부조화가 나타난 단계에서, 남편은 아내에
게 다정해지고 공감이나 협력을 늘리는 것으로 아내의 심신의 부담
을 줄이려 한다. 이를 통해 아내와의 관계도 개선하고 아내의 상태도
안정을 되찾는다. 이것은 안정적인 커플에게 보이는 회복 반응이라
고 할 수 있다. 그런데 카산드라증후군의 경우, 심신의 부적응을 일
으킨 아내를 눈앞에 보면서도 공감이나 협력을 늘리지 않고, 아무 일
도 없었던 것처럼 평소와 다름없이 자신의 일이나 하고 싶은 것을 하
려고 한다. '큰일이다, 아내를 도와줘야지.'라는 반응은 일어나지 않
는다. 혹시 그런 반응을 한다고 하더라도 마지못해 하거나 도망치려
고 하는 등, 진심으로 하려는 마음이 부족하다.

아내는 더욱 상처를 받아서 자신의 존재 의미까지 의심하고 때로
는 절망하기도 한다. 자녀 문제 등으로 고민하는 경우도 많지만, 남
편의 싫어하는 반응을 보고 싶지 않아서 부탁조차 하지 않음으로써

짜증이나 피로가 심해진다. 그런 상황에서 전문가에게 도움을 요청
하게 된다.

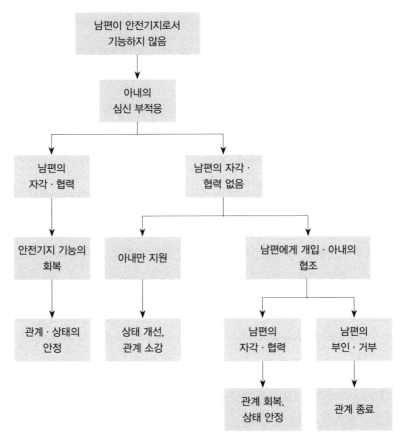

〈회복의 작업흐름도〉

도움을 요청하는 쪽이 아내인 경우

따라서 전문가가 카산드라증후군 사례에 개입하는 가장 많은 첫 번째 그룹은 아내가 우울증이나 불안장애, 심신증 때로는 정신질환 상태가 되어서, 담당의사나 심리 상담자가 문제의 배경에 남편의 관계 방식이 얽혀 있다는 것을 알아채고 남편에게 개입하는 경우다. 그 과정에서 남편과 면담한 의사나 상담자가 남편에게 아스퍼거증후군 이나 회피형 애착 문제가 있다는 것을 발견하는 경우가 많다.

하지만 통상적인 진료나 상담의 틀에는 아무래도 치료를 하는 대상은 환자라는 고정관념이 있다. 따라서 의사는 아내의 우울증을 진찰하고 상담자도 아내의 이야기를 듣는 것에 에너지와 시간을 사용하려고 한다. 일반적으로는 남편의 도움으로 해소되었어야 할 스트레스나 불안을 약이나 상담으로 경감시킨다.

의료적 개입으로 어느 정도 심신의 안정이 회복되면서, 삐걱거리던 파트너와의 관계도 조금 개선되는 경우가 있다. 그러나 근본적인 원인인 파트너는 아무런 자각도 이해도 없는 채로 있기 때문에, 다시 어떤 계기로 마찰이 심해지면 본인의 상태도 악화된다.

의학 모델에 의한
치료의 한계

　남편을 만나서 조언하는 것이 몇 회기 정도는 있을지도 모르지만, 주된 치료 대상은 어디까지나 아내다. 하지만 카산드라증후군은 학대받은 아동을 아무리 치료하더라도 아동이 처해 있는 상황은 변하지 않는 것처럼, 근본적인 원인인 남편에게 접근하지 않으면 바람직한 회복이 이루어지지 않는다.

　이런 종래의 의학 모델의 한계에 도전하는 것이 '애착 기반 접근'이라고 하는 새로운 발상에 의한 개선 방법이다. 애착 기반 접근은 증상을 보이는 환자를 치료하려고 하기보다, 안전기지로서 기능하지 않는 존재에게 개입을 시도하여 문제를 개선하려 한다. 즉, 학대당하는 아동이 아닌 학대를 하는 부모를 치료하거나 개입함으로써 학대를 줄이고, 결과적으로 아동의 상태를 개선하는 것이다. 카산드라증후군의 경우에는 우울증을 앓는 아내가 아닌, 아내를 우울증으로 만든 남편을 교육하고 개입하여 안전기지로서의 기능을 높이고 아내를 건강하게 만드는 것이다.

　아내에게 항우울제나 신경안정제를 권하는 것 이상으로 남편을 변화시키는 것이 근본적인 문제 해결로 이어진다고 볼 수 있다. 즉, 종래의 상식과는 반대로 환자인 아내보다도 남편의 치료나 개입에 보다 많은 노력을 들일 필요가 있다.

　물론 아내에게도 공감적인 상담을 해 줌으로써 힘든 점을 받아 준다. 또한 무슨 일이 일어나고 있는지에 대해 가르치는 심리교육을 하거나, 부정적인 반응의 도화선이 되는 계기를 분석하여 대처 방법을 바꿀 수 있게 만드는 절차도 효과가 있다.

아내가 질병이 생겨 도움을 요청하는 경우 외에도, 남편의 가정폭력이나 가스라이팅, 남편의 성격이나 섹스 문제 등으로 상담에 오는 경우가 있다. 이런 경우는 아내가 병을 앓는 상황과는 다르게 남편이 문제를 부인하거나 협력하려고 하지 않을 때가 많다. 이혼을 요구받고 억지로 개선을 시도하는 사례도 적지 않다.

도움을 요청하는 쪽이 남편인 경우

최근 들어 늘고 있는 두 번째 그룹은 이혼의 위기에 직면해서 어떻게든 아내의 마음을 붙들기 위해 남편이 진료나 상담을 요청하는 경우이다.

처음에는 동기도 자각도 별로 없고, 아내가 본인이 유리한 대로만 말하고 있을 뿐이라고 생각하지만, 심리교육이나 상담을 거치면서 점차 자신의 문제를 알게 되고 진심으로 어떻게든 하고 싶다고 생각하는 경우도 있다.

다만, 이런 사례의 성패를 좌우하는 것은 아내도 협력하는가 하는 점이다. 남편이 치료나 상담을 받고 있는데 아내는 그것을 남편의 문제라고만 생각하고 협력을 거부하는 경우에는, 힘들게 남편이 개선을 향해 애쓰는 데도 불구하고 관계가 결국 파탄날 수 있다. 아내가 관계를 싫증 내기 전에 남편이 빠른 단계에서 문제를 자각하고 협력하면, 아내의 협력도 얻기 쉽다. 이혼의 문턱에 들어서면 아내의 마음도 남편에게서 멀어지면서 관계를 포기할 타이밍을 찾게 된다.

부부가 함께 도움을 요청하는 경우

세 번째 그룹은 부부가 함께 도움을 요청하는 경우가 있는데, 아내나 남편 중 한쪽이 먼저 도움을 요청했다가 바뀌는 경우도 많다. 대체로 예후가 좋은 경우로, 양쪽 모두 좋은 관계를 되찾고 싶다는 마음을 가지고 있다.

다만, 자신들만으로는 싸움이 되기 때문에 제3자에게 중개 역을 부탁해서 서로 할 말을 하고, 문제점을 객관적으로 정리해 주는 것을 들음으로써 어긋남을 수정하고자 한다.

아내가 먼저 도움을 요청했다가 함께하게 된 경우는, 아내의 치료나 상담에 남편도 동반했다가 요청하게 되는 사례도 있다. 아내를 대하는 방법이나 아내가 기대하는 것을 이해하게 되면서 조금씩 행동이 바뀐 경우로, 아내의 감정이나 증상도 점차 좋아진다.

남편이 먼저 도움을 요청했다가 함께하게 된 경우는, 남편의 진찰이나 상담에 아내도 참가하면서 자신의 문제로도 받아들이게 되는 것이다. 그런 태도는 남편도 진전이 빨라질 수 있다. 남편의 문제가 큰 경우에도 아내가 함께 문제 해결에 참여해서 개선을 도우려 하는 자세를 보이면 긍정적인 변화가 빨라진다.

상처받은 마음과 이분법적 사고가 회복을 방해한다

커플이 협력해서 문제를 해결하려 하는 것은 효과가 좋으며 중요한 일이지만, 안타깝게도 어느 한쪽이 거부하는 경우가 의외로 많다.

자신의 관점에 사로잡혀 그것에 반대되는 것은 전부 부정하고 받아들이려고 하지 않는 이분법적 사고 패턴이 깊게 관여되어 있다. 자신만 상처를 받았다는 생각이 강하여, 모든 문제는 파트너에게 있다고 생각하며 절대 용서하지 않겠다고 결심하면서 마음을 열지 않는다.

> 모든 문제는 파트너에게 있다고 생각하며 절대 용서하지 않겠다고 결심하면서 마음을 열지 않는다

누구나 마음을 다치면 상대의 입장을 생각할 여유를 잃어버린 채 자신이 받은 고통만을 생각한다. 그리고 상대를 자신을 그렇게 만든 적으로 생각하기 쉽다. 아스퍼거증후군이나 불안형(포로형)의 사람도 전부인가 아닌가의 이분법적 사고에 빠지기 쉽다. 마음에 해결되

지 않은 애착의 상처를 가지고 있으면 그것이 더욱 강해진다. 이분법적 사고로는, 좋은 면이 있었다고 해도 자신에게 상처 주거나 기대를 배신하는 일이 있으면 부정적인 쪽으로만 생각하면서 모든 것을 거부하게 만든다.

하지만 그렇게 받아들이는 것에 상대의 문제만이 아니라 그 사람 자신의 특성이나 마음의 상처가 얽혀 있다고 한다면, 파트너를 바꿨다고 해도 또다시 같은 일이 발생할지도 모른다.

설령 파트너에게 여러 가지로 문제가 있다고 해도, 그런 파트너에게 끌려서 애정을 느꼈던 시기가 있었다. 그럼에도 그것이 분노나 미움으로 바뀐 데는, 자기 자신이 안고 있는 문제도 있을지 모른다고 돌아보면서 자신의 성찰을 할 수 있는가가 회복의 열쇠가 된다. 뿐만 아니라 앞으로의 인생에서 행복을 되찾을 수 있는지도 달려 있다.

과거를 돌이켜 보는 힘과 공감 능력이 필요하다

회복을 제대로 하기 위해서는 상대의 문제를 탓하는 것을 멈추고 자신을 돌아보는 것이 필요하다. 자신에게도 문제가 없었는지를 돌아보면서, 상대의 입장에 서서 감정이나 노력을 배려했는지를 되돌아봐야 한다.

그때 중요한 것이 자신을 돌아보는 힘이며, 상대의 입장에 서서 감

정을 헤아리는 힘이다. 그 같은 힘을
키우기 위해서는 일반적인 상담이 아
닌 훈련이 필요하다.

상대의 문제를 탓하는 것을 멈추고
자신을 돌아보는 것이 필요하다

저자가 개발한 양가적 애착·이분법적 사고 개선 프로그램이나 회피형 애착 개선 프로그램에서는 성찰하는 힘이나 공감 능력을 높이는 훈련을 한다. 이를 통해 상대의 잘못만 탓하고 모든 것을 부정하는 부정적인 반응 패턴에서, 상대의 장점을 인정하고 공감적인 반응을 늘려 서로가 안전기지가 될 수 있는 관계를 지향한다.

카산드라증후군은 파트너의 특성이나 장애에 의해서 생기는 문제이기는 하지만, 그것이 견디기 어려운 고통이 되는 것에는 당사자의 특성도 얽혀 있다. 불안형 애착이나 그것과 함께 이분법적 사고가 있으면 자신이 의존하고 있는 상대에게 지나치게 기대하고, 그것이 채워지지 않으면 전부 부정하고 공격하는 패턴에 빠지기 쉽다.

그 같은 악순환에서 벗어나기 위해서는 자신의 관점에서 벗어나서 사물을 보다 포괄적인 맥락으로 볼 수 있어야 한다. 양가적 애착과 관련된 이분법적 사고 개선을 위한 프로그램에서는 자신의 관점에서 벗어나는 훈련을 중시한다.

아스퍼거증후군이나 회피형에게는 구체적인 지도가 필요하다

　일반적으로 아내가 병에 걸리면, 누가 알려 주지 않아도 대부분의 남편은 다정하게 변한다. 그런데 아스퍼거증후군이나 회피형은 그렇지 않은 경우가 많다. 병에 걸린 아내의 어려움을 생각하기보다 자신의 생활이 불편해질 것을 먼저 생각한다. '이럴 때 병에 걸리고.'라거나 '누워서 쉬니까 좋겠다.'라는 생각을, 말로 하지는 않더라도 드러내고 만다. 자신에게 번거로운 일이 생긴다고 생각하면, 상대가 얼마나 곤란한지는 헤아리지 못한 채 화가 난다.

　상식적인 수준의 기대마저도 하지 못한다. 이럴 때는 어떻게 해야 하는지 구체적으로 알려 주는 것도 하나의 방법이다. 또한 득실을 따지면 상황을 이해하기 쉽기 때문에, 어떻게 행동을 하면 어떤 이득이 있는지를 설명하는 것도 다정한 행동을 늘리는 데 도움이 된다.

　"이럴 때 귀찮다고 생각해요? 그래도 이럴 때 다정하게 대해 주면 아내는 평생 당신한테 감사하면서 당신이 곤란해할 때 더 다정하게 해 줄 거예요." "이럴 때 남편이 어떻게 행동하는지를 아내는 다 보고 있어서, 그걸 평생 기억해요. 그럴 때 귀찮은 티를 내면 평생 그 이야기를 들어야 해요."라고 아내의 마음을 대변하면서 어떻게 행동하기를 바라는지, 어떻게 행동하는 게 도움이 되는지를 설명하면서 행동의 방법을 조언해 줄 필요가 있다.

회피형은 상대가 기뻐하거나 감사한다고 해도 그것을 보상의 개념으로 받아들이지 않는 경우가 많다. 오히려 이해득실의 차원이나, 행동의 차이가 야기하는 결과의 차이를 설명하면 행동의 변화로 이어지기 쉽다.

회피형은 기분이나 애정을 표현하는 것을 피해 왔기 때문에 그와 같은 능력이 부족하다. 상대가 무엇을 기대하고 어떻게 전해야 좋을까 하는 것도 모를 수 있다. 아내의 기분을 일일이 설명하면서, 그 방법을 배우고 연습할 수 있도록 도와주어야 한다. 모델을 제시해서 역할극으로 실전적인 연습을 하는 것도 필요하다.

모델을 제시해서 역할극으로 실전적인 연습을 하는 것도 필요하다

의사소통 방식의 문제가 드러난다

커플이나 가족이 함께 이야기를 할 수 있도록 지지하는 것도 좋은 접근 방법이다. 공동 작업을 하는 것도 회복에 도움이 된다. 초반에는 상담자를 중심으로 각각 상담자와 면담을 하는 방식으로 시작하지만, 얼마 지나지 않아 상담자는 말을 줄이고 커플끼리의 대화를 늘려 가면서 필요할 때만 개입한다. 양쪽 모두 의사소통 문제를 가지고 있는 경우가 많기 때문에 꾸준한 교육적 지도가 필요하다.

두 사람이 대화하는 것을 보면, 서로의 의사소통 방식이나 문제점을 분명히 파악할 수 있다. 이러면 엇갈리는 것도 무리가 아니다. 그렇게 해서는 이야기가 서로 잘 맞지 않을 수밖에 없었다는 것이 밝혀진다. 이야기의 내용만큼 의사소통의 방식에 문제가 있는 경우가 많다.

예를 들어, 아내(남편)가 일방적으로 불만이나 문제에 대해 분노에 찬 어투로 계속 이야기하고, 그것을 남편(아내)이 듣고 있는 경우도 많다. 남편(아내)이 한마디 하려고 하면, 그 몇 배로 되돌려주지 않고는 직성이 풀리지 않는다.

이런 경우에는 "항상 그렇게 이야기를 하시나요? 한마디 하셨으면 상대에게도 발언을 할 수 있게 해 주는 것이 의사소통이니까 그 부분을 신경 써 주세요." "너무 감정이 실려 있어요. 기분은 잘 드러나지만, 의사소통을 잘하기 위해서는 조금 더 조용하고 침착한 말투로 이야기하는 게 좋을 것 같아요." 등으로, 그 순간에 코멘트를 해서 의사소통하는 방법이라는 측면에서 대화하는 방법을 지도한다.

불안형은 대체로 너무 감정이 담겨서, 그것을 듣고 있는 것만으로도 누구나 힘들어지는 대화 방식을 하는 경향이 있다. 회피형에게 있어서 그런 말을 듣는 것은 고문처럼 느껴질 것이다. 불안형 아내는 피곤해져서 돌아온 남편에게 의도치 않게, 신경을 건드리는 초음파와 같은 소리를 들려주고 있는지도 모른다.

한편, 회피형은 반응이 부족하기 쉽다. 듣고 있을 때의 태도도 건성이어서, 듣고 있는지의 여부를 파악하기 어려운 경우가 많다. 따라서 상대의 발언을 제대로 듣는 태도를 보이는 것이 중요하다. 동의가 안 되는 말이라도 상대의 감정이나 생각을 제대로 이해하려는 자세로 고개를 끄덕여 가면서 성의를 담아서 들으면, 그것만으로도 상대의 분노나 부정적인 감정이 가라앉는다.

그리고 나서 상대의 발언에 어떻게 반응하는가 하는 문제가 있지만, 관계를 좋게 하고 싶다고 생각한다면 공감적 반응을 늘려야 한다. 의견이 다른 점에 중점을 두지 않고 동의할 수 있는 점을 찾아서, 우선 그 점에 대해서는 자신도 같은 마음이라는 것을 말하도록 한다.

그런데 회피형은 반응도 말수도 적고 표현이 지나치게 담담해서 감정이 실리지 않기 때문에 상대에게 마음이 잘 전달되지 않는다. 그런가 하면 상대의 말을 갑자기 부정하거나 반론을 펼치기도 한다. 상대는 이야기를 해도 듣고 있는지를 알 수 없어서 기분이 개운하지 않다.

의사소통 방법을 바꾸는 것에 초점을 두고 "아내분이 말씀하신 것 중 동의하시는 부분을 찾아서, 우선 그것부터 대답해 보세요." "자신의 생각이나 반론은 일단 접어 두고 우선 아내분이 어떤 마음인지, 그 점을 아내의 감정으로 느껴 보세요."라고 제안한다.

모처럼 중요한 발언을 해도, 진심이 담겨 있지 않거나 설명이 불충분해 오해의 여지가 있어서 상대방에게 제대로 전해지지 않는다. "그 부분은 중요하니까 한 번 더 진심을 담아서 말해 주시겠어요?" 또는 "그렇게 말씀하신 건 ~라는 의미인가요?"라고, 전하기 쉬운 말로 바꿔서 말할 수 있도록 돕는다.

남편이 무언가 말하면, 그것에 대한 아내의 느낌이나 의견을 듣는다. 그 경우에 아내 쪽도 갑자기 반론을 하거나 부정만 하지 말고, 먼저 상대가 말한 내용 중에서 받아들일 수 있는 부분이나 공감할 수 있는 부분을 인정한다. 그리고 이 점은 다르다거나 여기는 이렇게 해 줬으면 좋겠다고 자신의 감정이나 생각을 말하는 식으로, 좀더 유연하게 이야기할 수 있도록 지도한다. 서로 모든 것을 부정하는 것은 싸우는 것이지 의사소통이 아니기 때문이다. 서로 이야기를 주고받으면서 기분이나 생각을 공유하려고 하는 것이 본래 의사소통의 역할이다.

앞서 소개했던 '공감적인 의사소통을 위한 규칙'을 부부 사이에서 공유하고 서로가 그 규칙을 지킬 수 있도록 신경을 쓰는 것만으로도 의사소통이 자연스러워지며 관계도 긍정적인 방향으로 바뀐다.

절박한 상황은 변화를 부르는 기회

위기는 개선의 기회가 될 수 있다는 것을 종종 경험한다. 카산드라 증후군도 예외는 아니다. 가족 중 한 명이 심신의 부적응을 겪는 형태로 문제가 나타났을 때, 그것을 그저 귀찮은 일이 생겼다고 생각하고 보고도 못 본 척하면 더욱 큰 어려움을 겪게 된다. 그러나 문제를 계기로 그때까지 피해 왔던 것을 살펴보고 뒤틀렸던 점을 수정해서 관계를 바로잡는 기회로 만들면, 잃어버릴 뻔했던 소중한 것을 되찾을 수 있다.

문제는 치료가 필요하다는 것을 가르쳐 준다. 혹시 가까운 사람이 비명을 지르고 있다면, 그 사람을 구하기 위해 당신이 행동을 할 때인 것이다.

40대 주부인 R은 원래 뭐든 금방 잊고 밝으며 활달한 성격으로, 이런저런 생각을 하며 고민한 경험은 거의 없었다. 그런데 1, 2년 전부터 기분이나 건강 상태가 좋지 않은 일이 많아지고 짜증이 나거나 침울해지곤 했다. 그래도 개의치 않으려 했는데, 어느 날 남편과 싸운 직후에 과호흡 발작을 일으켰다. 학교를 자주 결석하는 고등학생 아들 때문에 최근 남편과 부딪치는 경우가 많아졌다. 그날도 싸우게 됐는데, 아들을 이해하려고 하지 않고 "학교에 안 갈 거면, 일을 해."라고 소리를 지르는 남편에게 반론을 제기하려고 했을 때 과호흡을 일으킨 것이다.

남편은 제멋대로에 철부지 같은 성격으로, 쉽게 흥분하고 자주 화를 내는 경향이 있어서 R은 될 수 있으면 부딪치지 않으려고 노력해 왔다. 남편이 말하는 대로 R이 맞춰 주면 갈등하는 일도 없이 대체로 원만하게 지낼 수 있었기 때문이다.

그런데 남편은 나이가 들면서 사회적인 책임도 무거워지고, 2년 전에 직장 상사가 새로 부임하여 어려운 일을 요구하면서부터 스트레스가 늘어나자, 집에 돌아와서도 기분이 안 좋거나 심한 말을 R이나 아들에게 함부로 내뱉었다. 남편의 눈치를 살피는 R도 아들도 언제나 긴장된 상태로 지냈다.

그런 가정 내의 험악한 분위기 탓인지 아들은 요즘 학교에 가지 않는 날이 많아졌다. 그 일로 R이 남편과 이야기를 나누려고 하면 남편은 그런 이야기는 듣고 싶지 않다는 태도로, "네가 오냐오냐 하니까 이런 일이 생기는 거야."라고 R을 비난하기만 했다. R은 그저 남편에게 상황을 알리고 어떻게 하면 좋을지 의논하고 싶다고 생각했을 뿐인데, 남편은 아내가 게을러서 생긴 결과처럼 비난하며 화를 냈다. 그런 아버지의 성난 목소리는 아들의 방에까지 들려서, 아들은 아버지를 노골적으로 피하고 적의까지 드러냈다.

아내의 과호흡은 약으로 금방 진정되었지만, 그것으로 정리될 문제는 아니었다. 아내가 느끼는 스트레스의 대부분은 남편이 원인이었지만, 남편 역시 상사나 직장에서 심한 스트레스를 받고 있었다. 스트레스의 도미노가 회사에서 집까지 이어져 있는 것이다.

그런데 사태는 의외의 전개를 보였다. 아내와 아들에게 소리를 지르던 남편 자신이, 상사가 주는 압박에 못 이겨서 회사에 나갈 수 없게 된 것이다. 회사 근처까지 갔어도 발길이 떨어지지 않아서 다시 돌아온 적도 있었다. 학교를 안 가는 아들을 꾸짖던 아버지에게도 같은 일이 일어난 것이다. 아내에게 이끌려 상담을 하러 온 남편은 완전히 자신감을 잃은 상태였다. 우울증이었다.

그러나 그 사태를 계기로, 가족 관계는 오히려 개선되어 이전의 결속을 되찾았다. 아내는 남편 대신에 자신이 일하겠다며 시간제로 일하기 시작했다. 이렇게 있을 수는 없다는 듯이 아들도 학교에 안 가는 대신에 아르바이트를 시작했다.

괴로운 남편의 우울증은 그후 개선되어 다시 출근을 할 수 있게 되었다. 남편은 부서를 바꿔서 사이가 좋지 않은 상사에게서 해방되었다.

남편은 전혀 다른 사람처럼 온순해지고, 이전처럼 소리를 지르는 일도 없어졌다. 아내는 남편이 "다정해졌어요." 하며 기뻐하고, "저렇게 다정한 건 결혼을 막 했을 때 이후 처음이에요."라고 말할 정도였다. 아들과의 관계도 좋아져서, 아들은 방송통신고등학교를 거쳐 대학에 진학했다.

카산드라증후군 개념 자체의 한계

카산드라증후군의 정의는, "남편이 자폐스펙트럼장애 등으로 인한 공감 능력이 저하되는 어려움이 있는가."라는 것이 중요하다. 즉, 남편의 장애를 원인으로 보고 있다. 그러나 그것은 문제의 일부분으로, 현실에서는 그것만으로 끝나지 않는다.

공감 능력이 낮은 장애가 있다면, 왜 그것을 알아채지 못하고 여러 해 동안 함께 살았던 것일까. 처음 몇 년 동안은 그럭저럭 행복한 부부였다는 경우도 적지 않다. 많은 사례는 자녀가 생기거나, 자녀에게 어떤 문제가 생겼거나, 가정 내에 걱정거리가 되는 사태가 발생했을 때 엇갈림이 심한 것이 계기가 되어 남편이 아스퍼거증후군이었다는 사실을 알게 된다. 하지만 반려자로 선택할 정도로 다정했던 시기가 있었고, 그 시기에는 공감 반응 문제도 그렇게 심각하지 않았다. 그렇게 몇 년이나 같이 살지 않았다면 공감 능력 장애가 있다는 것도 눈치채지 못했을 것이다.

파트너가 카산드라증후군을 일으킨 실제 사례를 봐도, 어느 시기까지 사이좋게 지냈다는 커플이 적지 않다. 그것은 상대가 눈치채지 못하게 다정한 척을 했던 것뿐일까, 아니면 아내도 이상하다고 느끼면서도 참아 온 것뿐일까. 물론 그런 경우도 있을지 모른다. 다만, 현실에서 자주 볼 수 있는 경우는 남편도 아내도 부담이 늘어나서 견디기 힘들어졌을 때 그런 어긋남이 일어나기 쉽다. 아내는 남편의 배려 없는 모습이나 비협력적인 태도에 느꼈던 불만이 분노로 바뀌게 된다.

공감 능력은 자폐스펙트럼장애 같은 어려움에 의해서도 낮아지지만, 평균적인 공감 능력을 가지고 있는 사람도 공감 능력이 저하되는 경우가 있다. 강한 스트레스를 받거나 그 사람 자신이 비공감적인 환경, 다르게 말하면 마음 둘 곳이 없는 상황에 놓이면, 주위에 대한 공감 능력이나 친사회적인 행동은 저하된다. 자신이 공감 반응을 받지 못했기 때문에 자신도 주위에 공감 반응을 할 수 없는 것이다.

자폐스펙트럼장애 경향은 기술자나 전문가 중에서 많이 나타난다. 그렇다고 해서 공감 능력이 전혀 결여되어 있는 것은 아니다. 미묘한 마음의 움직임을 읽어 내는 것은 다소 서투를지 모르지만, 배려나 다정함을 갖춘 사람도 많다. 자폐 경향이 있더라도, 애착이 안정된 사람도 있다.

하지만 아무리 배려나 공감 능력을 갖춘 사람이라도 과중한 책임이나 스트레스, 피로가 쌓여서 마음의 여유가 없어지면, 상대를 고려하면서 행동하기 어렵다. 짜증을 내고 상대에게 분풀이를 하고 만다. 더군다나 자폐스펙트럼장애가 있는 경우에는 감각이 과민하고 융통성이 없는 특성이 있기 때문에 스트레스나 피로를 느끼기 쉽다. 다른 것에 신경 쓸 여유가 없는 것이다. 그렇게 되면 혼란에 빠지기 쉽다는 약점도 있다. 상대가 다정함을 기대하면 그것이 부담으로 느껴져서 냉담한 태도를 보이거나 화를 내고 만다.

하지만 그것이 전적으로 그 사람만의 잘못일까. 이런 사람들은 선천적으로 그런 특성을 타고나서, 같은 일을 하더라도 고통을 크게 느낀다. 게다가 나이가 들면서 책임이나 스트레스가 늘어나는데, 그것을 견디기 위해 필요한 체력이나 에너지는 점차 약화된다.

아들의 문제에 침착하게 대응하지 못한 이 아버지를 누가 형편없는 인간이라고 말할 수 있을까. 아버지가 둔감해서 아내나 아들의 감정을 알아주지 못한다고 나쁘게 말하는 것은 쉽다. 하지만 자신이 그 입장에 섰을 때, 과연 그렇게 잘 대처할 수 있을까.

아무리 공감 능력이 높은 사람이라 하더라도 수면 부족, 피로, 스트레스를 겪고 몇 가지 난관에 부딪치거나 상사와 고객의 압박에 시달리면서 평소와 같이 배려를 할 수 있는 사람은 없다. 예수조차도 십자가를 짊어지고 형장까지 걸어갈 때 이교도 여성이 딸을 구해 달라고 하자 처음에는 모른 척했다. 그 여성이 집요하게 계속 소리를 지르자 겨우 반응을 했지만, 그래도 그 태도에는 어딘가 귀찮아하는 듯한 모습이 있었다. 하물며 그냥 평범한 인간인 우리가, 피곤에 지쳐 있을 때 다급한 목소리로 "어떻게 좀 해 봐!"라는 부탁을 들으면, 그것을 귀찮아하지 않고 평소와 다름없이 다정하게 들어 주는 게 가능할 것인가 자문해 본다.

카산드라증후군이 발생하는 원인으로, 아스퍼거증후군과 같은 특성만을 문제로 보는 것은 충분하지 않다. 오히려 서로 큰 부담이나 스트레스를 안고 여력을 잃어버린 상태가 위험하다고 할 수 있다.

서로가 서로의 힘든 점을 살펴봐 주거나 배려할 여력조차 없는 상황이 그런 개인적인 특성 이상으로 어려움을 만든다. 그때, 상대가 공감 능력이 결여된 장애가 있다는 것은 문제를 이해하고 납득하는 데 다소 도움이 될지 모르지만, 이전의 공감적인 관계로 되돌리는 데는 큰 도움이 되지 않는다. 서로가 스트레스로 한계에 다다라서 서로의 힘듦을 배려하지 못하고 있다는 사실을 아는 것이 필요하다. 그리고 서로 상처를 주면서 공격하는 데 소중한 에너지를 쓰는 대신에, 스트레스를 줄이면서 서로의 여유를 되찾도록 노력해야 한다고 생각한다.

실제로 앞서 나온 R의 남편은 출세보다도 스트레스를 줄이고 건강하게 사는 것을 선택함으로써 가정을 회복시킬 수 있었고, 결혼 생활의 파탄이나 가족이 해체되는 사태를 막을 수 있었다.

이 사례에서의 원인은 남편의 공감 능력 부족이라는 특성에서만 찾은 부분이 있지만, 현실의 문제는 그렇게 간단하지 않다. 직장의 스트레스나 경제를 우선하는 가치관, 부모나 본가와의 관계도 연관되어 있다. 그리고 무엇보다도 서로 여유를 잃고, "네가 나빠." "네 탓이야."라고 말하는 상황이 카산드라증후군을 탄생시킨다고 할 수 있다.

그런 의미에서 보면 카산드라증후군이라는 개념 자체도 문제의 원인을 남편에게서만 찾으려고 한다는 점에서 문제 해결을 방해하는 측면도 있다. 남편이 아스퍼거증후군이라서 아내가 카산드라증후군이 되었다는 인식만으로는 문제를 정확하게 이해하거나, 애정이나 공감을 되돌리기 어렵다.

그리고 확실하게 말할 수 있는 것은 한쪽만이 아니라 양쪽 모두가 협력해서 문제를 개선하려고 애쓰는 만큼 관계 회복은 더욱 쉬워진다는 것이다. 상대의 문제를 들추고 나무라는 것이 아니라, 이해하고 용서하는 것이 필요하다.

다만, 아쉽게도 두 사람이 관여된 일이어서 한 사람의 노력만으로는 어떻게 할 수 없는 경우도 있다. 어느 누구도 십자가를 짊어져야 할 것 같은 남은 인생의 후반을 강요받을 이유는 없다. 자신이 할 수 있는 만큼의 노력을 다했다면 종지부를 찍는 것도 중요한 선택이다. 그 경우라도 상대의 문제만이 아니라 자신의 문제와도 제대로 마주할 수 있다면, 반드시 이 같은 고통스러운 경험이 도움이 되는 날이 올 것이다.

이 체크 리스트는 카산드라증후군을 선별하기 위한 검사입니다.

A 질문에 대해서는 최근뿐만 아니라 원래의 성격이나 오랜 기간 동안 보여 온 경향도 생각해서 답해 주십시오.

또한 B의 1~10은 최근 1년 정도의 상태에 대해서, 11~15는 원래의 성격이나 오랜 기간 동안 보여 온 경향을 염두에 두고 답해 주십시오.

A. 파트너에 대한 질문입니다.

(선택지 예시-1: 매우 그렇다, 2: 어느 정도 그렇다, 3: 조금 그렇다, 4: 별로 그렇지 않다)

1. 가정보다도 일이나 취미를 우선한다. (　　)

2. 말수가 적고, 대화나 사교를 즐기는 타입이 아니다. (　　)

3. 친한 친구가 거의 없다. (　　)

4. 자신의 방식이나 취향에 집착한다. (　　)

5. 원래부터 배려를 하거나 위로를 하지 않는다. (　　)

6. 대화하기보다 혼자서, 일방적으로 이야기를 하려 한다. (　　)

7. 타인의 기분에 무관심하고 둔하다. (　　)

8. 곤란해서 도움을 요청하면 귀찮아한다. (　　)

9. 귀찮은 일이 있으면 금방 도망가려고 한다. (　　)

10. 감정을 표현하는 것이 서투르다. (　　)

11. 말을 걸어도, 반응을 바로 하지 않는다. (　　)

12. 누군가에게 털어놓고 상담하는 것이 서툴다. (　　)

13. 논리적이고, 따지기 좋아하며, 특별한 논리를 늘어놓는다. (　　)

14. 화가 나면 폭언이나 폭력을 한다. (　　)

15. 누군가에게 맞추기보다 자신을 우선시한다. (　　)

B. 본인에 대한 질문입니다.

(선택지 예시–1: 자주, 2: 종종, 3: 가끔, 4: 드물게)

1. 파트너에 대한 분노가 머리에서 떠나지 않을 때가 있다. (   )

2. 원인이 확실하지 않은 신체적 부적응 증상이 있다. (   )

3. 짜증, 우울함이 눈에 띈다. (   )

4. 포기하고 싶은 마음이나 허무함에 사로잡힌다. (   )

5. 파트너가 하는 일에는 무엇이든지 짜증이 난다. (   )

6. 다정한 말이나 배려에 굶주려 있다. (   )

7. 파트너를 공격하거나 비난하는 경우가 있다. (   )

8. 파트너 혼자서만 좋은 일을 다 한다고 생각한다. (   )

9. 파트너에게 평온함을 느낄 수 없다. (   )

10. 파트너와 서로 몸을 만지거나 하는 일이 고통스럽다. (   )

11. 자신의 본가와도 관계가 좋지 않다. (   )

12. 잘 참고 남을 위해 애쓰는 타입이다. (   )

13. 눈치를 보면서 상대에 맞추려 한다. (   )

14. 스스로는 아무것도 결정을 못하고 누군가에게 의지한다. (   )

15. 자신의 기분을 모를 때가 있다. (   )

(채점)

A, B 각각 해당하는 번호의 숫자를 더해서 합계를 냅니다. 60에서 그 합계를 뺀 것이 A, B의 점수입니다. A 점수는 파트너 쪽의 요인, B 점수는 본인의 상태와 요인을 나타냅니다.

60-A의 합계[   ]=A 점수[   ]
60-B의 합계[   ]=B 점수[   ]

(판정)

• A 점수, B 점수 모두가 30 이상인 경우는 카산드라증후군이 의심됩니다.
• A 점수, B 점수 모두가 40 이상인 경우는 카산드라증후군이 강하게 의심됩니다.
• A 점수만 30 이상이고 B 점수는 낮은 경우는 파트너에게 위험 요인이 되는 경향이 보이지만, 심한 카산드라증후군에는 이르지 않은 상태라고 볼 수 있습니다. 증상이 나타나는 것을 방지하기 위해서는 특히 파트너의 자각과 노력이 필요합니다.
• B 점수만 높고 A 점수는 낮은 경우는 카산드라증후군 이외의 요인도 생각해 보는 것이 좋습니다. 부모와의 애착 문제나 스트레스, 갱년기 등으로 인해 우울 증상이 나타났을 가능성도 있습니다.

참고문헌

『女として人類学者として マーガレット・ミード自伝』10学生結婚と大
　　学院生活 和智綏子訳 平凡社 一九七五
江藤淳『礎石とその時代 第二部』新潮選書 一九七〇
デボラ・ブラム(Deborah Blum 『愛を科学で測った男 異端の心理学者ハ
　　リー・ハーロウとサル実験の真実』藤澤隆史、藤澤玲子訳 星和書店
　　二〇一四
同書 5 愛の本質 p162

Cherlin, A. J., Chase -Lansdale, P. L., & Christine McRae, C. (1998), *Effects
　　of Parental Divorce on Mental Health Throughout the Life Course*.
　　(Am. Sociol. Rev. 63, 239-249).

Hetherington, E. M. & Kelly, J. (2002). *For Better or Worse*. Norton.

Kilmann, P. R., Carranza, L. V., & Vendemia, J. M. (2006). *Recollections of
　　parent characteristics and attachment patterns for college women of
　　in tact vs. Non-intact families*. (J Adolesc. 2006 Feb;29(1):89-102).

Maxine, A. (2007). *Affective Deprivation Disorder*. (retrieved onl ine 15
　　October 2007 at http://www. maxineaston.co.uk/cassandra/AfDD.
　　shtml).

Schapira, L. L. (1988). The *Cassandra Complex: Living with Disbelief: A
　　Mordern Perspective on Hysteria*(Studies in Jungian Psychology by
　　Jungian Analysts). Inner City Books.

저자 소개

오카다 다카시(岡田尊司)

1960년생, 가가와현 출신

정신과 의사, 작가

도쿄대학 문학부 철학부 중퇴

교토대학 의학부 졸업

교토대학 의학부 대학원에서 연구에 몰두하면서 교토의료소년원,

교토부립 라쿠난 병원 등에서 어려움에 처한 젊은이를 만나다.

현재, 오카다클리닉 원장, 오사카 심리교육센터 고문으로 있으며,

주요 저서로는 『애착장애』 『아스퍼거증후군』 등이 있다.

역자 소개

김유숙

도쿄대학 의학부 보건학박사(임상심리전공)

현 서울여자대학교 교육심리학과 명예교수

　한스카운셀링센터 책임 슈퍼바이저

최지원

서울여자대학교 교육심리학과 문학박사(상담 및 임상심리전공)

현 서울신학대학교 학생상담센터 교수

　한스카운셀링센터 소장

카산드라증후군
나와 가까운 사람이 아스퍼거증후군이라면?

2023년 1월 10일 1판 1쇄 발행
2023년 9월 20일 1판 3쇄 발행

지은이 • 오카다 다카시
옮긴이 • 김유숙 · 최지원
펴낸이 • 김 진 환
펴낸곳 • (주) **학지사**
　　　　　04031 서울특별시 마포구 양화로 15길 20 마인드월드빌딩 5층
대표전화 • 02) 330-5114　　팩스 • 02) 324-2345
등록번호 • 제313-2006-000265호

홈페이지 • http://www.hakjisa.co.kr
인스타그램 • https://www.instagram.com/hakjisabook

ISBN 978-89-997-2788-7 03180

정가 16,000원

출판미디어기업 **학지사**

간호보건의학출판 **학지사메디컬** www.hakjisamd.co.kr
심리검사연구소 **인싸이트** www.inpsyt.co.kr
학술논문서비스 **뉴논문** www.newnonmun.com
원격교육연수원 **카운피아** www.counpia.com